로마서 7장-8장 강해

절대 진리가 부정되는 시대에
그리스도인이 된다는 것

최호준 지음

절대진리가 부정되는 시대에
그리스도인이 된다는 것

발행일	초판 1쇄 2023년 5월 12일
저자	최호준
북디자인	조현자(wisebook@empas.com)
	최주호(makesoul2@naver.com)
교정	김영명(sahoirabbit@hanmail.net)
인쇄	넥스트프린팅(031-908-7959)
유통사	하늘유통(031-947-7777)
펴낸곳	기독교포털뉴스
신고번호	제 2016-000058호(2011년 10월 6일)
주소	우 16954 경기도 용인시 기흥구 흥덕2로87번길 18 (이씨티)
	이씨티빌딩 B동 4층 479호
출판사 전화	010-4879-8651
가격	16,000원
이메일	unique44@naver.com
홈페이지	www.kportalnews.co.kr

절대진리가 부정되는 시대에

그리스도인이 된다는 것

로마서 7-8장 강해

AN EXPOSITION OF

ROMANS

차례

추천의 글

내가 아는 최호준 목사님은 진지하고 정갈하며 소박한 사람입니다. 신학을 하고 강원도 산간 마을로 들어가 시골 목회를 오래 했습니다. 본인 말로는 눈을 들면 오로지 하늘밖에는 보이는 것이 없는 산 속에서 책을 벗 삼아 읽고 쓰는 것을 취미처럼 했다고 합니다. 그래서인지 최목사님을 만나면 '경건한 선비'를 보는듯합니다.

이 책은 로마서 7장과 8장을 본문으로 저자가 목회하는 교회 예배 시간에 설교한 것입니다. 대개의 경건 서적이 글로만 작성되게 마련인데, 이 책은 실제 저자의 강단에서 선포된 말씀을 기록한 것이기에 특별한 가치가 있습니다.

성경 전체가 하나님의 영감된 말씀이요, 한 구절 한 구절 전부가 귀중한 보배입니다. 그런데 성경책을 반지에 비유한다면 로마서가 반지의 보석에 해당하고, 특히나 7-8장이 보석의 광채와 같다고 말합니다. 저자는 오랜 기도와 묵상과 공부를 통해 얻어진 자료들을 예배당 강대상이라는 특수한 틀에 넣어 하나하나 온 영혼을 기울여 28개의 "설교"로 정리했습니다. 저자는 로마서 7-8장에 기록된 말씀을 근거로 삼아 그리스도인은 율법과 사별하고 예수 그리스도와 결혼한 사람이라는 흥미로운 이야기로부터 시작하여 예수 그리스도로 말미암아 넉넉히 이기게 하시는 하나님의 사랑 이야기에 이르기까지 마치 '천로역정'처럼 그리스도인으로 확립되어가는 과정을 선포된 말씀으로 그려주었습니다.

현 시대를 포스트 트루스(post-truth) 시대라고 합니다. 더 이상 '이것이 진리다'라고 말할 수 없는 시대, 각기 자기 소견에 따라 진리라고 주장하는 시대, 진리로 제시되는 것은 많은데 정작 진리를 만나기가 어려운 시대가 되어버렸습니다. 이 책의 부제처럼 "절대진리가 부정되는 시대"입니다. 그러나 여기 참 진리의 말씀이 있습니다. 산과 바다가 만나고, 바람과 물결이 제 길을 찾는 곳, 태백산맥 기슭 동해안 바닷가에서 건져올린 시골 목사님의 진리 말씀으로 눈을 통해 귀를 기울여 마음을 채우기 바랍니다.

이명희 교수(Ph.D.)
전 한국침례신학대학교 대학원장
전 한국복음주의실천신학회 회장
현 생명빛교회 담임목사

추천의 글

'나는 누구인가? 나는 어디에 있는가? 무엇이 문제인가? 그 치료 책은 무엇인가?' 이는 사람이 살아가면서 던질 수 있는 궁극적으로 중요한 질문입니다. 사람의 세계관은 이 질문에 대한 대답으로 이루어집니다. 저는 오랜 탐구와 방황 끝에 34세에 창조, 타락, 구속, 완성의 관점에서, 예수님을 인격적으로 만남으로 마음에 평안을 누리게 되었고, 위 질문에 확실한 답을 찾게 되었습니다.

하나님은 그의 자녀를 인도하실 때, 환경의 변화와 중요한 타인과의 만남, 그리고 책읽기(저자들과의 간접적 만남)를 사용하십니다. 오늘의 나를 만드는데 아내 이영애와의 만남, 옥한흠 목사와의 만남, Gary Collins와의 만남, 책을 통한 Paul Tournier와의 만남이 있었습니다. 나는 침례신학대학교 기독교교육학과 교수로 부임해 이 책의 저자 최호준을 40년 전에 만났습니다. 오랜 세월이 지난 후 그의 강해설교를 읽으며 예수님 안에서 크게 성숙, 성장한 그를 다시 만났습니다.

일찍이 사도 바울은 사랑하는 제자 디모데에게 "내가 이를 때까지 (성경을) 읽는 것과 권하는 것과 가르치는 것에 전념하라… 이것

을 행함으로 네 자신과 네게 듣는 자를 구원하리라"(딤전 4: 13, 16)
고 편지했습니다. 최호준은 이 권면을 성실하게 준행하였습니다.

"좋은 책을 읽는 것은 지난 몇 세기에 걸쳐 가장 훌륭한 사람들과 대화하
는 것과 같다"(Descartes).

"당신에게 가장 필요한 책은 당신으로 하여금 가장 많이 생각하게 하는
책이다"(Mark Twain).

"독서는 지식의 재료를 공급할 뿐 그것을 자신의 것으로 만드는 것은 어
디까지나 사고의 힘이다"(John Locke).

그는 교사로서 그리고 목사로서 평소 독서(책읽기)의 즐거움을
맛보면서 『책 읽는 목사의 독서행전』, 『성숙을 위한 책읽기 특강』
(요단) 등 여러 권의 책을 쓴 바 있습니다. 거짓 선생(선지자)과 하
나님이 세우신 참 목사와의 차이는 거짓 선지자(이단)는 무식하기
때문에 성경을 억지 해석(eisgesis)하는 반면(벧후 3:16), 바른 교
훈(sound doctrine)을 전하는 정통교회 목사는 신구약성경을 문
법적, 역사적, 신학적으로 옳게 해석(exegesis)하여 성도들에게 가
르친다는 것입니다.

최호준 목사의 로마서 7-8장 강해를 읽어 보면, Augustine,
Wesley, Spurgeon, Lloyd-Jones, 이동원, 주서택, Pascal,

Polycap, Robert Schuller 등을 인용할 뿐 아니라, 강영안, 렘브란트, 톨스토이, 게오르규, 에디슨, 아리스토텔레스, 정호승 시인, Patrik Henry, 루스벨트 등을 두루 인용하고 있음을 알 수 있습니다. 특별계시와 일반계시를 통합해 진리의 말씀을 명쾌하게 설교하고 있음을 확인하게 됩니다.

그리스도인의 신앙생활은 칭의(나를 믿으라), 성화(나를 따르라), 영화(나를 기다리라)로 이뤄집니다. 이 책은 강해설교의 모범과 표본을 보여줍니다. 죄와 율법, 구원과 성화, 육신의 일과 성령의 일, 옛 사람과 새 사람, 고난과 갈등의 의미를 빛과 어두움, 나무와 숲을 대조해 보여줌으로 독자로 하여금 자신을 돌아보게 하며 받은 말씀을 일상생활에 적용, 실천하고 행하도록 유도합니다.

최호준 목사는 농어촌교회에서 성실히 목회하고 있는 "숨겨진 보배"와 같은 설교자입니다. 의미 있는 삶, 영적인 충만함과 재미를 경험하기를 원하는 모든 목회자들과 신학생, 그리고 평신도들에게 이 책의 일독을 권하며 강력 추천합니다.

정동섭 교수(Ph.D.)
가족관계연구소장
사이비종교피해대책연맹 총재

추천의 글

　얼마 전 헨리 나우웬이 그의 저서 『상처입은 치유자』에서 언급한 "핵 인간"(nuclear man)이라는 말이 떠올랐습니다. 그는 오늘날 인간을 핵 인간이라고 했습니다. 핵을 만들고, 대단한 문명의 바벨탑을 쌓아 올리지만, 결국 인간이 만든 핵에 의해 모든 것이 파괴되고 무너질 수밖에 없는 미래의 불안과 공포 속에서 살고 있는 불완전한 인간의 모습을 날카롭게 지적했습니다. 핵을 만들었지만, 그것을 처리하지 못하고 전전긍긍하는 죄인인 인간을 어떻게 구원하겠니까? 요즘처럼 인간이 만든 핵의 공포에 시달려 본적이 없는 것 같습니다.

　현대의 핵 인간은 결국 최호준 목사님이 서두에 말씀하신 것처럼 탐욕이 넘쳐나고, 그 탐욕으로 인해 창조의 면류관인 인간의 정체성과 존엄을 상실하고 갈등과 고뇌에 빠져 두려움에 떠는 타락한 모습입니다. 이러한 현대인을 구원하는 길은 예수 그리스도의 복음밖에 없습니다. 바울 사도가 기록한 로마서는 복음의 능력과 그리스도인의 정체성 그리고 영적 성장의 길을 명확하게 가르쳐 주는 "끊임없이 솟아나는 성령의 샘물"과 같은 말씀입니다. 이 로마서의 말씀으로 방황하던 어거스틴이 회개했고(롬 13:13~14), 마틴 루터가 종교개혁의 횃불을 높이 들었습니다(롬 1:7). 그리고 부패하고 타락한 영국 사회를 변화시킨 요한 웨슬레의 성결운동도 결국 이 로마서를 읽음으로 시작되었습니다.

저자 최호준 목사님은 로마서 7장과 8장을 강해하시면서, 이렇게 핵심적인 질문을 독자들에게 던집니다.

"그리스도인답게 산다는 것이 무엇이라고 생각하십니까?"

명문가의 오래된 명품 장맛처럼 깊은 목사님의 영적 묵상이 담긴 귀한 책을 내내 탐독하면서 이 질문을 계속 되뇌이게 됩니다. 이러한 영적 되새김질을 하는 동안 가장 탁월한 영적 안내자인 성령과 함께 최 목사님의 깊은 영적 경험을 함께 공유하는 기쁨을 누리게 될 것입니다. 이 귀한 묵상과 가르침이 핵 인간시대를 살면서, 실존적 불안에 떠는 현대인들과 세속화의 세찬 물결 속에서 영적 정체성을 상실하고 방황하는 많은 그리스도인들의 마음을 바르게 인도하는 생명의 등대가 될 것으로 확실히 기대합니다.

김상백 교수(Ph.D.)
순복음대학원대학교 실천신학 교수
수원 좁은길교회 담임목사
전 한국실천신학회 회장

들어가는 말

그리스도인은 어떻게 그리스도인이 되었을까요? 한마디로 하나님의 은혜로 되었습니다. 전적인 하나님의 은혜로 가능했습니다. 하나님의 은혜가 없었다면 결단코 그리스도인이 될 수 없었을 것입니다. 그런데 그리스도인이 그리스도인답게 살아가는 문제는 또다른 별개의 사항입니다. 그리스도인이 '그리스도인답게'라는 말을 수없이 외치지만 이 말이 공허한 메아리가 될 때가 정말 많기 때문입니다.

그리스도인이 그리스도인답게 살아가려면 인고의 과정을 거쳐야 합니다. 그리고 삶으로 보여줄 만한 구별된 모습이 있어야 합니다. 이러한 인고의 과정과 구별된 모습이 우리를 진정한 그리스도인으로 만듭니다. 어느 날 은혜 받아 그리스도인이 되었다고 말하는 사람은 많은데 그리스도인으로서 보여줄 만한 모습을 보여주지 못하는 불편한 사람이 있다는 것입니다. 그리스도인으로서 익히고 배워 성숙한 삶을 드러내야 함에도 불구하고 불균형적인 태도로 일관하여 많은 사람에게 불편을 끼치는 그리스도인이 많아 보이는 것이 현실이기도 합니다.

그리스도인은 어느 날, 혹은 어떤 환경과 관계 속에서 하나님의 특별하신 은혜로 그리스도인이 되었습니다. 그럼에도 불구하고 지속적으로 꾸준하게 성숙한 그리스도인이 되기 위해서는 삶의 과정 가운데에서 겪어야 할 문제에 부딪히고 아파하고 고뇌하며 통과하는 과정이 필요합니다. 그리스도인도 세상에 속한 생활인이기 때문입니다. 이런 삶의 과정을 통과할 때 구별된 모습이 생깁니다. 생각과 행동 그리고 말이 달라집니다. 삶에서 구별된 모습이 어색하지 않고 부담스럽지 않으며 오히려 평안해지고 하나님의 은혜에 무한히 감사하게 됩니다. 생활인으로서의 그리스도인 됨이 무엇인지 조금씩 조금씩 알아가게 되고 자라게 되어 귀한 자부심이 생기게 됩니다.

삶의 과정과 구별된 모습의 중심에는 당연히 믿음이 있습니다. 믿음으로 구원받았으니 믿음으로 살아 믿음의 열매를 맺어야 합니다. 이것이 바로 세상 속에서 구별된 모습으로 살아가는, 세상에서 살아가나 세상 모습과 같지 않은 그리스도인의 모습입니다. 하지만 하나님만 바라보고 성경 말씀을 의지하며 은혜로 사는 삶이 어디 그리 만만한 일이겠습니까. 각자에게 주어진 광야와 같은 삶과, 처절한 십자가의 고통을 알면서도 묵묵히 하나님의 뜻을 좇아 산다는 것이 과연 쉬운 일이겠습니까. 이러한 삶의 과정과 구별된 모습을 모르고 어찌 그리스도인이라 말할 수 있겠습니까. 성경은 무엇이 그리스도인을 그리스도인답게 하는지 분명하게 언급합니다.

"그런즉 너희는 먼저 그의 나라와 그의 의를 구하라"(마 6:33).

로마서 7장과 8장은 무엇이 그리스도인을 그리스도인답게 하는지 구체적으로 알려줍니다. 그리스도인이라면 무엇을 먼저 알아야 하는지, 무엇에 귀 기울여야 하는지 알려주는 보배로운 말씀입니다. 해당 본문 가운데에는 그리스도인을 향한 따뜻한 시선과 사랑이 있는가 하면 한편으로는 그리스도인이 감당해야 할 책임과 의무도 있습니다. 이것을 한마디로 질문과 응답이라 말하고 싶습니다. 성경 말씀이 체계적으로 질문하고 응답한다는 것을 보여줍니다. 이와 더불어 그리스도인도 질문하고 응답하는 그리스도인으로 늘 준비되어야 합니다. 이것이 그리스도인의 본분입니다.

설교를 준비하면서 많은 목사님의 글을 참고했습니다. 일일이 출처를 기록했어야 하지만 주일 설교로 선포된 말씀이다 보니 세밀하게 출처를 밝히지 못한 한계가 있었음을 밝힙니다. 번뜩이는 지혜와 안목을 보여주신 여러 목사님의 통찰력에 깊은 감사를 드립니다.

탐욕이 넘쳐나고, 탐욕에 탐욕이 더해져 치열한 경쟁 속에서 인간미와 인간성을 잃어가고 있는 현대의 생활에 그리스도인이라 하여 어찌 영향을 받지 않는다고 말할 수 있겠습니까. 어쩌면 그리스도인이 헤아릴 수 없을 정도의 더 많은 갈등과 고뇌와 아픔을 몸으로 겪고, 그리스도인으로서의 정체성을 잃지 않기 위해 더 힘쓰고 애쓰고 있을지도 모르겠습니다. 이러한 삶의 과정과 구별된 모습이 믿음으로 구원받은 그리스도인의 참된 태도라 할 수 있습니다. 이렇듯 그리스도인에게는 언제나 진지한 자기 성찰이 필요합니다. 로마서 7장, 8장은 이를 잘 말씀해 줍니다. 묻고 싶습니다. "무엇이 그리스도인이 되게 한다고 생각하십니까?"

2023년 4월 28일
讀學記思房에서
최호준

66

믿음으로 구원 받았으니 믿음으로 살아
믿음의 열매를 맺어야 합니다.
이것이 바로 세상 속에서 구별된 모습으로 살아가는,
세상에서 살아가나 세상 모습과 같지 않은
그리스도인의 모습입니다.

99

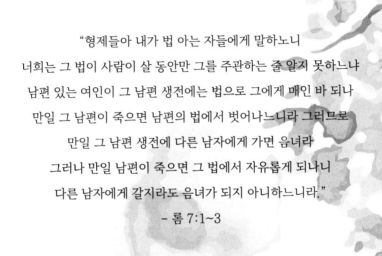

"형제들아 내가 법 아는 자들에게 말하노니
너희는 그 법이 사람이 살 동안만 그를 주관하는 줄 알지 못하느냐
남편 있는 여인이 그 남편 생전에는 법으로 그에게 매인 바 되나
만일 그 남편이 죽으면 남편의 법에서 벗어나느니라 그러므로
만일 그 남편 생전에 다른 남자에게 가면 음녀라
그러나 만일 남편이 죽으면 그 법에서 자유롭게 되나니
다른 남자에게 갈지라도 음녀가 되지 아니하느니라."

- 롬 7:1~3

1장

율법을 결혼에 비유하다

한 조류학자가 깊은 산속에서 앵무새 새끼가 있는 둥지를 발견했습니다. 들뜬 마음으로 그는 앵무새 새끼를 집에 가지고 왔습니다. 그리고 그는 앵무새 새끼를 새장에 넣어 마당 한쪽의 나무에 매달아 놓았습니다. 그리고 이렇게 생각했습니다. '앵무새 새끼가 자라서 때가 되면 매일 아침 앵무새의 아름다운 노랫소리를 들으며 눈을 뜰 수 있겠군!'

조류학자는 무척 기뻤습니다. 그런데 그런 일이 있은 지 며칠 후 어미 앵무새가 나타났습니다. 그리고는 매일 새끼에게 부지런히 먹이를 물어다 주었습니다. 조류학자는 그런 어미 앵무새의 모정에 크게 감동했습니다. 그러나 며칠 후 새장의 새끼 앵무새는 죽은 채로 발견됐습니다. 조류학자는 사인을 조사하다가 오싹 소름이 끼쳤습니다. 어미 새가 물어다 준 먹이는 독이 있는 과일이었기 때문입니다. 자유를 잃어버린 새끼를 차마 눈 뜨고 볼 수 없었기에 독

과일을 먹여 죽인 것입니다.

미국의 정치가이자 독립 운동가였던 패트릭 헨리(Patrick Henry, 1736~1799)는 마음을 다해 "자유가 아니면 죽음을 달라"라고 절규했습니다. 자유를 잃는 것은 모든 것을 잃는 것입니다. 자유 없는 삶은 살아도 살아 있는 것이 결코 아닙니다. 의미 없는 삶입니다. 그리스도인에게 있어서 참된 자유는 무엇일까요? 그리스도인에게 있어 참된 자유는 죄로부터 자유 하는 것입니다. 율법으로부터 자유 하는 것입니다. 죽음으로부터 자유 하는 것입니다.

본문은 '율법으로부터 자유'하게 된 사람을 설명하는 가운데 구체적으로 '율법을 결혼 관계에 비유'하는 장면입니다. 돌이켜 생각해 보면 사람은 누구나 예외 없이 법이라는 기준에 의해 살아가는 존재들이라고 해도 과언이 아닙니다. 사회생활이나 직장생활 그리고 심지어 교회생활에도 지켜야 할 법은 있습니다. 그것이 필요에 의해 만들어져 공동체에서 규칙으로 정해졌다면 지켜야 합니다. 나라의 헌법을 무시하면 혼란이 생기듯 공동체에서 정해놓은 규칙을 지키지 않는다면 생활하는 데 불편하고 힘들어지는 것은 당연한 이치입니다.

그런데 문제는 이 법을 지키기가 무척 어렵다는 것입니다. 법을 지키려고 하면 할수록 초조합니다. 불안합니다. 스트레스를 받습니다. 왜냐하면 우리는 연약한 사람들이기 때문입니다. 법을 지켜야 한다는 사실을 의식하면 괜히 부담이 되고 자연스럽지 못한 행동을 하게 됩니다. 강박관념에 스스로를 옥죄이는 어설픈 행동을 하지 않을까 염려하기도 합니다. 그럼에도 불구하고 사도 바울은 본문에서 율법을 결혼 관계로 비유하여 설명합니다. 그 이유는 무엇일까요?

결혼이 사람과 율법의 관계를 아주 분명하게 보여주기 때문입니다.

"형제들아 내가 법 아는 자들에게 말하노니 너희는 그 법이 사람이 살 동안만 그를 주관하는 줄 알지 못하느냐"(롬 7:1).

결혼 문제를 통해 사도 바울은 그 당시 모든 사람에게 보편적으로 인정되었던 일들을 말하고 있습니다. 그 시대의 사람들이 결혼을 어떻게 인식하고 이해했는지 사도 바울의 설명을 통해 분명하게 알 수 있습니다. 당시의 사람들에게 결혼이란 '한 여자가 한 남자에게 시집가는 것'을 의미했습니다. 이것을 달리 표현하자면 아내는 남편의 권세 아래, 아내는 남편의 통제 아래, 아내는 남편의 그늘 밑에 있다는 말입니다.

유대 사회에서는 고대 여러 문화권에서와 마찬가지로 아내가 남편에게 종속되는 처지에 놓여 있었습니다. 그리하여 남편이 아내와 이혼할 수는 있어도 아내가 능동적으로 남편과 이혼할 수는 없었습니다(신 24:1~3). 따라서 성경은 아내를 향해 남편에게 복종하라고 말합니다.

"아내들이여 자기 남편에게 복종하기를 주께 하듯 하라 이는 남편이 아내의 머리됨이 그리스도께서 교회의 머리됨과 같음이니"(엡 5:22~23).

또한 남편을 존중하라고 말합니다.

"아내도 자기 남편을 존중하라"(엡 5:33).

남편에게 조용히 배우라고 말합니다.

"여자는 일체 순종함으로 조용히 배우라 여자가 가르치는 것과 남자를 주관하는 것을 허락하지 아니하노니 오직 조용할지니라"((딤전 2:11~12).

그렇다면 남편들은 아내에게 어떻게 해야 할까요? 성경은 남편에게 아내를 자기 자신같이 사랑하라고 말합니다.

"이와 같이 남편들도 자기 아내 사랑하기를 자기 자신과 같이 할지니 자기 아내를 사랑하는 자는 자기를 사랑하는 것이라"(엡 5:28).

"그러나 너희도 각각 자기의 아내 사랑하기를 자신 같이 하고"(엡 5:33).

아내를 귀하게 여기라고 말합니다.

"남편들아 이와 같이 지식을 따라 너희 아내와 동거하고 그를 더 연약한 그릇이요 또 생명의 은혜를 함께 이어받을 자로 알아 귀히 여기라 이는 너희 기도가 막히지 아니하게 하려 함이라"(벧전 3:7).

이처럼 남편의 아내에 대한 입장과 아내의 남편에 대한 입장은 인류가 처음부터 가지고 있던 보편적인 시각입니다. 율법과 사람의 관계도 이와 같습니다. 율법에 의하면 아내는 자기 남편의 말과 권위 아래 있음을 알 수 있습니다. 마찬가지로 사람도 하나님의 율법 아래 있음을 발견합니다. 그러므로 사람은 하나님의 율법 앞에 복종하고, 율법을 존중하며, 율법을 조용히 배워야 합니다. 율법을 자기 자신같이 사랑하고, 율법을 귀하게 여겨야 합니다. 이것이 사람과 율법의 관계를 분명하게 보여주는 귀한 모습입니다.

결혼이 갖는 특징 때문입니다.

"남편 있는 여인이 그 남편 생전에는 법으로 그에게 매인 바 되나 만일 그 남편이 죽으면 남편의 법에서 벗어나느니라"(롬 7:2).

결혼이라는 관계는 한 번 아내가 결혼했으면 헤어질 수 없지만 남편이 죽으면 해방되는 것이 특징입니다. 따라서 결혼이란, 시작은 같이하지만 누군가 한 사람이 죽으면 끝이 납니다. 그렇게도 귀한 결혼이지만 한 사람이 죽으면 무의미한 것이 결혼입니다. 사도 바울은 죽음만이 결혼을 끊어지게 한다고 말합니다. 죽음만이 결혼을 종식한다고 말합니다. 결혼은 살아있는 동안만 영원한 관계입니다. 어떠한 것으로도 결코 갈라놓을 수 없습니다. 매여 있는 것입니다. 함께해야 하고 함께 가야 하는 둘만의 약속이자 공동체입니다. 그러나 죽음으로 그 관계는 끝이 나고 종식됩니다. 의미가 없어집니다.

행실이 몹시 불량한 남편을 만난 한 여인이 있었습니다. 그런데 이 남편은 사랑스러운 여인을 아내로 맞이했음에도 불구하고 자기 아내를 형편없이 막 대합니다. 급기야 아내를 폭행하고 하인처럼 대하기를 거듭합니다. 이럴 때 이 여인의 심정은 어떻겠습니까? 늘 초조하고 불안했을 것입니다. 하루하루가 지옥 같았을 것입니다. 사는 것이 결코 사는 것이 아니었을 것입니다. 이를 어찌 결혼생활이라 할 수 있겠습니까? 21세기를 살아가는 지금 이 시대에도 이런 남편들이 도처에 많이 있다는 현실을 생각하면 안타까울 뿐입니다. 시대가 변하고 인식들이 많이 달라졌음에도 불구하고 여전히 폭군처럼 행세하는 남편들이 있습니다. 영화나 드라마 또는 뉴스를 통해 보면 남편의 폭력으로 상처 입고 신음하는 여인들의 피해와 심각성을 적지 않게 알 수 있습니다.

그런데 어느 날 아내를 그렇게도 무섭게 대하고 힘들게 했던 남편이 죽었습니다. 어찌 된 일인지 알 수 없으나 사람 일이란 정말 알 수 없나 봅니다. 환경이나 여건이 한순간에 바뀌는 것을 보면 삶이 어떻게 변할지는 사실 아무도 모르는 것입니다. 남편이 죽은 이때부터 이 여인은 남편으로부터 자유의 몸이 됩니다. 남편으로부터 간섭받지 않을 자유가 생기게 됩니다. 남편의 무시무시했던 억압과 속박에서 해방되는 자유의 신분이 됩니다. 아주 자연스럽게 초조하고 불안한, 지옥 같은 삶에서 해방된 것입니다. 아내의 입장에서는 늘 두려움에 짓눌려 살았는데 모든 문제가 속 시원하게 해결된 상태가 되었습니다.

"아내는 그 남편이 살아 있는 동안에 매여 있다가 남편이 죽으면 자유로워 자기 뜻대로 시집 갈 것이나"(고전 7:39).

이 예를 달리 표현하면 이런 것입니다. 율법을 남편으로, 아내를 여러분과 저로 생각하면 이해가 훨씬 쉽습니다. 율법이라는 남편은 죽었습니다. 그러므로 율법에 얽매여 있던 여러분과 내가 이제는 율법의 얽매임에서 벗어나 자유로운 몸이 되었다는 것입니다. 율법의 족쇄에서 풀려 마음껏 자유 할 수 있는 몸이 되었다는 것입니다. 옛적 어두웠던 시절, 한없이 무지했던 시절, 믿음이 무엇인지 전혀 알지 못했던 시절에 그렇게도 두려워하고 겁먹었던 율법에서 벗어났다는 의미입니다. 너무나 감사한 것은 하나님의 한량없는 은혜로 지금 이 순간 구원받은 존재로, 자유로운 존재로 우리가 이 자리에 있다는 사실입니다. 거듭 강조하는 것이지만 결혼은 남편 생전에 얽매이는 것이지만 남편이 죽으면 자유 할 수 있는 특징이 있습니다.

결혼을 통해 새로운 가능성을 보여주기 때문입니다.

"그러므로 만일 그 남편 생전에 다른 남자에게 가면 음녀라 그러나 만일 남편이 죽으면 그 법에서 자유롭게 되나니 다른 남자에게 갈지라도 음녀가 되지 아니하느니라"(롬 7:3).

새로운 가능성이란 재혼을 말합니다. 다시 새로운 결혼을 할 수 있다는 말입니다. 이것은 새로운 삶을 가능하게 해주는 귀한 기회입니다. 어느 한 쪽이 죽으면 그 결혼 관계는 깨어지고 새로운 관계를 위해서 살아 있는 한쪽은 자유하게 됩니다. 새롭게 결혼해도 된다는 것을 사도 바울은 의미 있게 강조합니다. 사도 바울의 집중된 관심은 우리의 옛 남편이었던 율법은 죽었으므로 그 율법에서 자유하게 되었음을 알려 주고 싶어 합니다. 그래서 우리는 이제 예수 그리스도와 결혼할 수 있게 되었습니다. 얽매여 힘들었던 과거를 깨끗하게 청산하고 새로운 마음과 정신으로 새로운 삶을 살 수 있는 기회가 생긴 것입니다. 이것을 하나님의 은혜라고 말합니다. 예수 그리스도를 만난 이 은혜, 예수 그리스도를 믿음으로 구원 받은 이 엄청난 사건을 무엇으로 설명할 수 있겠습니까? 예수 그리스도를 남편으로 만난 이 놀라운 기쁨을 무엇으로 표현할 수 있겠습니까?

중요한 것은 율법이 이미 죽었기 때문에 우리는 더 이상 '율법에 매이지' 않으며 더 이상 율법의 지배 아래 있지 않다는 것입니다. 다시 말해 율법과의 옛 관계가 끝났다는 것입니다. 사도 바울이 강조하고 싶어 하는 것은 바로 이것입니다.

그럼에도 불구하고 율법은 여전히 존재한다는 사실을 잊지 말아야 합니다. 남편으로서의 율법은 죽었지만 율법의 엄중한 사역은 살아있기 때문입니다. 율법은 무엇이 죄인지 명확하게 깨닫게 해주고, 죄의 구체적인 모습들을 알려주는 역할을 합니다. 그러므로 율법을 무시하지 말아야 합니다. 우리가 율법과 아무런 관계가 없다고 말하지 말아야 합니다. 율법 폐기론을 서슴없이 말하고, 무율법주의를 속삭이며, 반율법주의를 공공연하게 떠벌이는 행동은 올바르지 못한 처신입니다.

미국 뉴욕퀸즈교회 김성국 목사는 이렇게 말합니다.

"계명은 성도들을 세상으로부터 보호하시려고 하나님이 세우신 담장입니다. 사람이 만든 게임의 규칙이나 사회의 법규를 조금만 무시해도 자신은 물론 그와 함께하는 자들이 적잖은 고통을 감내해야 합니다. 하나님이 세우신 계명의 담장을 넘어서면 기대했던 꽃밭이 아니라 온통 치명상을 안길 지뢰밭이 기다리고 있을 뿐입니다. 그 담장을 넘어갔다 쓰러져 아직도 일어나지 못하는 사람이 도처에 많습니다. 그들의 가족도 공동체도 신음하고 있습니다. 계명의 담장 안에서 사는 것이 진정한 나의 행복이며 가족과 공동체를 위한 탁월한 선택입니다."

그리스도인은 도리어 율법을 지켜야 하고 일상생활을 통해 실천해야 합니다. 이것이 성경이 말하는 신비입니다. 예수님과 사도 바울은 율법에 대해 이렇게 말씀하십니다.

"내가 율법이나 선지자를 폐하러 온 줄로 생각하지 말라 폐하러 온 것이 아니요 완전하게 하려 함이라 진실로 너희에게 이르노니 천지가 없어지기 전에는 율법의 일점 일획도 결코 없어지지 아니하고 다 이루리라"(마 5:17~18).

"그런즉 우리가 믿음으로 말미암아 율법을 파기하느냐 그럴 수 없느니라 도리어 율법을 굳게 세우느니라"(롬 3:31).

"이로 보건대 율법은 거룩하고 계명도 거룩하고 의로우며 선하도다"(롬 7:12).

율법을 결혼에 비유한 사도 바울의 말씀은 은혜의 시대인 오늘날 위로가 되고 격려가 되는 말씀입니다. 생각하면 할수록 은혜의 시대에 태어나 은혜를 만끽하는 것도 감사하고, 앞으로도 은혜를 기대하며 살아갈 것을 생각하니 더욱더 감사할 뿐입니다. 하지만 불행히 은혜의 시대임에도 불구하고 여전히 율법에 얽매여 살아가거나 율법을 무시하는 사람들도 있어 안타까울 뿐입니다. 우리는 은혜의 시대에 살고 있지만 율법을 존중해야 합니다. 하지만 율법에 얽매여 은혜의 시대를 잊어버리는 실수는 하지 말아야 합니다. 은혜도 필요하고 율법도 필요하다는 오묘한 신비를 알아갔으면 좋겠습니다. 중요한 것은 여러분과 내가 예수 그리스도를 믿어 구원받은 그리스도인으로 늘 살아가고 있다는 사실 아니겠습니까?

66

중요한 것은 율법이 이미 죽었기 때문에
우리는 더 이상 '율법에 매이지' 않으며
더 이상 율법의 지배 아래 있지 않다는 것입니다. · · ·
그럼에도 불구하고 율법은 여전히 존재한다는 사실을
잊지 말아야 합니다. 남편으로서의 율법은 죽었지만
율법의 엄중한 사역은 살아있기 때문입니다.

99

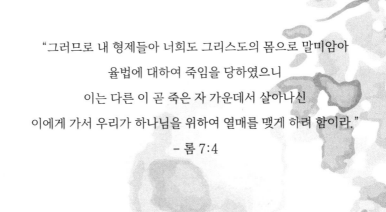

"그러므로 내 형제들아 너희도 그리스도의 몸으로 말미암아

율법에 대하여 죽임을 당하였으니

이는 다른 이 곧 죽은 자 가운데서 살아나신

이에게 가서 우리가 하나님을 위하여 열매를 맺게 하려 함이라."

— 롬 7:4

2장

그리스도인이 된다는 것

중국 춘추전국시대에 양주라는 사람이 있었습니다. 어느 날 양주는 자신이 키우던 양이 없어져 제자들과 함께 양을 찾아 나섰습니다. 양주의 일행은 처음에는 한 길로 찾아 나섰는데 도중에 두 갈래 길이 나오자 조를 나누었습니다. 그런데 조금 더 가다 보니 또다시 길이 나눠지고, 또다시 길이 나뉘어 마침내는 사람 숫자보다 길이 더 많아져 결국 양을 찾는 것을 포기하게 되었습니다.

그때로부터 양주는 식음을 전폐하고 슬퍼하기 시작했습니다. 그러자 제자들은 근심 어린 마음으로 물었습니다. "그까짓 양 한 마리로 왜 그렇게 슬퍼하십니까?" 그러자 양주는 이렇게 말했습니다. "세상에 많은 길이 있어도 어떤 길이 진짜 길인지 모르면서 너희들에게 허탄한 도를 가르치고 있는 내가 한심해서 그렇다."

예수님은 이렇게 말씀하십니다.

"예수께서 이르시되 내가 곧 길이요 진리요 생명이니 나로 말미암지 않고는 아버지께로 올 자가 없느니라"(요 14:6).

이 길은, 이 진리는, 이 생명은 결코 찾아가는 것이 아닙니다. 따라가는 것이 아닙니다. 누군가가 가르치는 것도 아닙니다. 예수님 그 자체가 길입니다. 예수님 그 자체가 진리입니다. 예수님 그 자체가 생명입니다. 어떤 사람들에게는 말도 안 되게 어리석게 보일지 모르지만 이것은 지극히 공평한 길이요, 진리요, 생명입니다. 왜냐하면 높은 자나 낮은 자나, 부유한 자나 가난한 자나, 배운 자나 못 배운 자나 모두 다 똑같이 이를 수 있는 길이요, 진리요, 생명이기 때문입니다. 이러한 예수님을 믿음으로 말미암아 구원받은 사람을 이르러 '그리스도인'이라고 말합니다.

그러므로 그리스도인은 근본적으로 새롭게 변화된 사람입니다 (롬 6:11). 새로운 피조물, 죄인에서 의인으로 거듭난 사람, 새로운 생명을 소유한 사람, 죽음과 부활을 경험한 사람, 사망에서 생명으로 옮겨진 사람, 어두움에서 밝은 빛으로 변화된 사람을 말합니다. 또한 그리스도인은 하나님과 새로운 관계를 형성한 사람입니다. 구원받기 전에는 법 아래에서 죄인의 몸으로 살았지만, 이제는 구원받아 의인의 몸으로 하나님의 은혜 아래 살게 되었습니다. 따라서 나의 위치, 나의 지위, 나의 신분, 나의 생각이 달라도 너무 달라졌습니다. 하나님과 새로운 관계가 형성되었기 때문입니다.

그리고 그리스도인은 새로운 권세와 능력과 힘을 공급받은 사람입니다. 하나님의 자녀가 되는 권세입니다(요 1:12). 성령의 능력입니다(롬 15:13). 하나님의 힘의 능력입니다(엡 6:10). 세상에서 그 어떤 사람보다도 귀하고 보배롭고 특별한 사람이 되었습니다. 그리스도인, 하나님의 자녀, 천국 백성이라는 엄청난 이름으로 살게 되었다는 말씀입니다.

이렇게 소중한 그리스도인이 되었다면 소중한 삶을 살아내는 것도 그리스도인이 감당해야 할 마땅한 일입니다. 그리스도를 믿지 않았던 때의 삶과 믿은 후의 삶은 분명히 다른 삶이기 때문입니다. 그러므로 그리스도인이 되었다는 것으로 만족할 것이 아니라 그리스도인다운 모습을 끊임없이 보여주어야 할 사명이 그리스도인에게는 있습니다. 변모된 모습과 행동이 뒤따를 때 그리스도인답다는 아름다운 흔적을 남기게 되는 것은 당연하다 하겠습니다. 그렇다면 새롭게 거듭난 그리스도인으로서 어떻게 할 때 성숙한 그리스도인이 될 수 있을까요?

예수 그리스도로 말미암아 되는 것입니다.

"그러므로 내 형제들아 너희도 그리스도의 몸으로 말미암아 율법에 대하여 죽임을 당하였으니"(롬 7:4상).

우리가 그리스도인이 된 것은 그리스도에게 있었던 어떤 일 때문입니다. 그 일은 예수 그리스도께서 십자가에서 죽으신 사건입니다. 예수 그리스도께서 십자가에 죽으심으로 말미암아 우리는 그리스도인이 될 수 있었습니다. 만약 예수 그리스도께서 십자가에서 죽지 않으셨다면 여러분과 나는 그리스도인이 될 수 없었을 것입니다.

"예수는 우리가 범죄한 것 때문에 내줌이 되고 또한 우리를 의롭다 하시기 위하여 살아나셨느니라"(롬 4:25).

"친히 나무에 달려 그 몸으로 우리 죄를 담당하셨으니 이는 우리로 죄에 대하여 죽고 의에 대하여 살게 하심이라"(벧전 2:24).

"그리스도께서도 단번에 죄를 위하여 죽으사 의인으로서 불의한 자를 대신하셨으니 이는 우리를 하나님 앞으로 인도하려 하심이라 육체로는 죽임을 당하시고 영으로는 살리심을 받으셨으니"(벧전 3:18).

그러므로 여러분과 제가 그리스도인이 될 수 있었던 것은 예수님께서 육신의 몸을 입고 태어나시고 결국은 십자가에 못 박혀 죽으셨기 때문입니다. 무덤에 장사되었다가 죽음을 정복하시고 영광스럽게 부활하셨기 때문입니다. 또한 마침내 하늘에 승천하사 하나님 우편에 앉아 계신다는 사실을 믿기 때문입니다. 그러므로 예수님은 그리스도인에게 있어 주인이 되십니다. 주제가 되십니다. 중심이 되십니다. 모든 것이 되십니다. 분명한 것이 있다면 그리스도인은 예수 그리스도로 말미암아 살아가는 사람입니다. 끊임없이 예수 그리스도로 말미암아 그리스도인다운 삶을 살아내는 사람입니다.

예수 그리스도와 연합함으로 되는 것입니다.

"이는 다른 이 곧 죽은 자 가운데서 살아나신 이에게 가서"(롬 7:4중).

여기에서 중요한 단어가 있다면 '가서'입니다. 이것을 이렇게 표현할 수 있습니다. 예수님께 시집간 것으로 말입니다. 믿음으로 구원받은 모든 그리스도인은 예수님께 시집간 것입니다. 예수님은 신랑이 되시고 그리스도인은 신부가 되는 것입니다. 이는 실로 어마어마한 신분의 변화를 뜻합니다. 그리스도인이 된다는 것은 이처럼 평범함을 뛰어넘어 특별한 존재로의 전환을 의미하기도 합니다. 이것은 상상할 수도 없는 엄청난 일이 현실로 이루어진 것이나 마찬가지로 보면 될 것 같습니다. 신비하고 오묘한 일이 아닐 수 없습니다. 성경에는 이와 같은 말씀이 많이 등장하는데 그 중에 또 다른 말씀을 살펴보면 다음과 같습니다.

"만일 우리가 그의 죽으심과 같은 모양으로 연합한 자가 되었으면 또한 그의 부활과 같은 모양으로 연합한 자도 되리라"(롬 6:5).

이 말씀에는 연합되었다는 말씀이 중요합니다. 예수님과 연합된 사람이 그리스도인이라는 것을 강조합니다. 달리 표현하면 이 말씀은 그리스도인과 예수님이 하나가 되었다는 것입니다. 하나가 되었다면 무엇보다 조화를 이루는 것이 중요합니다. 균형을 잡는 것이 필요합니다. 더불어 하나가 되었기에 우선적으로 기쁨과 슬픔에 동참할 수 있습니다. 이것은 죽음과 부활이라는 엄청난 사건에 동참한다는 의미입니다. 이러한 말씀은 예수님과 연합되고 하나 된 그리스도인으로서는 너무나 귀한 말씀입니다. 구원받은 그리스도인으로서 자부심을 갖기에 충분하다 하겠습니다. 이러한 연합은 신비로운 연합이면서 초자연적인 연합이기에 영적 연합이라고 말합니다. 이를 좀 더 달리 표현하면 이렇습니다.

예수님과 친밀한 관계를 뜻합니다.

"우리는 그 몸의 지체임이라"(엡 5:30).

예수님과 분리될 수 없는 관계 즉 영원히 함께 한다는 뜻입니다.

"우리를 우리 주 그리스도 예수 안에 있는 하나님의 사랑에서 끊을 수 없으리라"(롬 8:39).

하나님을 위하여 열매를 맺음으로 되는 것입니다.

"우리가 하나님을 위하여 열매를 맺게 하려 함이라"(롬 7:4하).

그리스도인이 된다는 것은 분명한 목적이 생긴다는 것을 의미합니다. 그리스도인이 되기 전에는 분명한 목적이 무엇인지 알지 못했습니다. 그저 열심히 살면 그것이 목적이 되리라 여기며 살았습니다. 그런데 하나님의 은혜로 그리스도인이 되고 보니 그리스도인의 목적은 하나님을 위해 열매를 맺는 것이라는 것을 알게 되었습니다. 그 어떤 목적보다도 하나님을 위하여 열매 맺는 것이 가장 중요하면서 분명한 목적이라는 것을 알게 되었습니다.

반대로 불신앙인의 목적은 무엇일까요? 자기 자신을 위해 사는 것입니다. 자기 자신의 만족을 위해 사는 것입니다. 자기 자신이 중심이므로 이기적으로 사는 것입니다. 자기 자신의 노력과 열심을 신뢰하며 사는 것입니다. 결과적으로 자기 자신의 열매를 위해 사는 것이라 할 수 있습니다. 자기 자신의 기쁨, 쾌락, 성공을 위해 살아가는 것이 우선입니다. 지극히 인간적일 수밖에 없는 삶입니다. 이 모든 것들이 하나님이 누구신지, 구원이 어떤 것인지, 믿음이 무엇인지 모르기 때문에 일어나는 일이 아니겠습니까?

하지만 그리스도인이 된다는 것은 편안한 삶을 살기 위한 것이 아닙니다. 유익이나 이익을 얻기 위한 것도, 염려, 근심, 걱정을 털어 버리기 위한 삶도 아닙니다. 행복하고 성공적인 삶을 위한 것 또한 아닙니다. 결국 그리스도인의 삶은 나 자신을 위한 삶이 아닙니다. 그렇다면 이러한 모든 것들이 필요 없다는 말일까요? 그리스도인이 되었다면 이런 것들을 정녕 무시하며 살아도 된다는 말일까요? 그렇지 않습니다. 그리스도인이 되었다면 마땅히 세상살이에서 잘 되어야 합니다. 빛이 나야 합니다. 인간적인 필요가 충족되어야 합니다.

이러한 것들이 필요 없다는 것이 결코 아닙니다. 이것은 우선순위에 관한 문제입니다(마 6:33). 그리스도인이 된다는 것은 우선적으로 하나님을 위하여 열매를 맺기 위한 삶인 것을 강조하기 위함입니다. 성령의 열매(갈 5:22~23) 즉 사랑, 희락, 화평, 오래 참음, 자비, 양선, 충성, 온유, 절제입니다. 의의 열매(고후 9:10), 빛의 열매(엡 5:9) 즉 착함과 의로움과 진실함을 말합니다. 선한 일의 열매(골 1:10), 평강의 열매(히 12:11), 입술의 열매(히 13:15) 즉 찬양의 열매입니다. 이러한 우선적인 열매를 마음껏 맺을 때 세상 속에서 그리스도인이 된다는 것을 실감하지 않겠습니까?

이렇게 성숙한 그리스도인이 됨으로 얻는 특권은 무엇일까요?

예수님의 이름이 우리의 이름이 됩니다(행 11:26). 제자들은 안디옥에서 최초로 그리스도의 영광스러운 이름을 그대로 이어받게 되었습니다. 그리스도인이 되면 그리스도인이라는 자랑스러운 칭호로 불린다는 것은 지극히 마땅하지 않겠습니까? 그리스도인이 되었다면 예수님의 이름이 영원토록 나의 이름이 되는 것은 자연스러운 현상입니다.

하나님 앞에 담대하게 나갈 수 있게 됩니다(엡 3:12; 히 4:16). 하나님 앞에 담대하게 나아가는 것은 예수님을 믿기 전에는 감히 상상도 할 수 없는 일이었습니다. 그런데 이제는 예수님을 믿음으로 말미암아 하나님 앞에 담대하게 나갈 수 있게 되었습니다. 놀라운 일이 아닐 수 없습니다.

천사들로부터 섬김을 받게 됩니다(눅 16:22; 히 1:14). 천사는 섬기는 영으로서 구원받은 그리스도인을 섬기게 되어 있습니다. 아브라함이 천사들에게 섬김을 받았듯이 말입니다. 이것은 그리스도인이 됨으로 말미암아 마땅히 받게 되는 고귀한 특권입니다.

만물이 다 우리 것이 됩니다(고전 3:21~23). 만물은 우리의 것이요, 우리는 그리스도의 것이요, 그리스도는 하나님의 것이기에 그리스도인이 되었다면 만물은 모두 다 그리스도인의 것입니다. 왜냐하면 천지 만물을 지으신 이는 하나님이시기 때문입니다. 하나님이 만물을 창조하셨고 만물의 주인이 되시기 때문입니다.

넘어지지 않도록 지켜주십니다(요 17:12; 살후 3:3). 그리스도인이 되었다면 주께서 안전하게 보호해 주십니다. 예를 들면 우리를 영적인 시험에서 지켜주시고 시험을 믿음으로 이겨낼 수 있도록 힘을 주십니다. 또한 악한 자로부터 지켜주십니다. 세상살이 속에서 넘어지지 않을 사람은 아무도 없습니다. 하지만 그리스도인이 됨으로 말미암아 얻은 복을 주께서 함께하심으로 지켜주시겠다는 강력한 선언입니다.

"우리가 육신에 있을 때에는 율법으로 말미암는 죄의 정욕이
우리 지체 중에 역사하여 우리로 사망을 위하여 열매를 맺게
하였더니 이제는 우리가 얽매였던 것에 대하여 죽었으므로
율법에서 벗어났으니 이러므로 우리가 영의 새로운 것으로
섬길 것이요 율법 조문의 묵은 것으로 아니할지니라."

- 롬 7:5~6

3장

부정적인 것과 긍정적인 것

성냥불과 반딧불이는 똑같은 불빛을 내는 것 같지만 서로 너무나 다릅니다. 성냥불은 작은 입김에도 꺼집니다. 불꽃이 바깥 공기에 노출돼 있어 그렇습니다. 그러나 반딧불은 비바람에도 빛을 잃지 않습니다. 그 빛이 반딧불이의 안에 있기 때문입니다. 성냥불은 금방 꺼집니다. 겨우 자기 몸을 태우며 불빛을 내기 때문입니다. 그러나 반딧불은 생명에서 나오는 빛이기에 오래 타오릅니다. 성냥불은 그을음을 남기지만 반딧불은 오염물질을 한 점도 배출하지 않습니다.

물질과 명성은 잠시 계급장을 단 성냥불과 같습니다. 모든 계급장이 안개처럼 사라지면 주변에 모였던 사람들도 사라지고 허무의 그을음만 가득하게 됩니다. 반면 반딧불은 이웃을 위해 자신의 몸을 내놓으며 섬겼던 예수님의 성품과 닮았습니다. 이 불빛은 사라지지 않고 영원히 하늘과 이웃들에게 기억됩니다.

본문에 등장하는 부정적인 것은 성냥불과 같고, 긍정적인 것은 반딧불과 같은 느낌입니다. 본문의 5절은 매우 부정적입니다. 그러나 6절은 매우 긍정적입니다. 지금 이 시대, 이 순간에도 부정적인 사람이 있는가 하면 긍정적인 사람도 있습니다. 지금 이 시대에도 부정적인 사람이 있는가 하면 긍정적인 사람도 있습니다. 신앙적인 면에서도 마찬가지입니다. 신앙인 아니면 불신앙인 입니다. 구원받은 사람 아니면 구원받지 못한 사람입니다. 의인 아니면 죄인입니다. 새 사람 아니면 옛 사람입니다. 살아있는 생명 아니면 죽어있는 생명입니다. 믿음으로 살든지 아니면 육신으로 살든지 입니다. 은혜 아래 있든지 아니면 율법 아래 있든지 입니다. 좀 더 구체적으로 본문을 살펴볼 때 부정적인 말씀은 무엇이고 긍정적인 말씀은 무엇일까요?

부정적인 말씀(5절)

1) **"우리가 육신에 있을 때에는"**이란 말씀입니다. '육신'이 무엇을 뜻하는지에 관해 성경은 다양하게 말씀하고 있습니다.

① 인간 전체를 의미하기도 합니다.

"모든 육체가 하나님의 구원하심을 보리라"(눅 3:6).

"그러므로 모든 육체는 풀과 같고 그 모든 영광은 풀의 꽃과 같으니 풀은 마르고 꽃은 떨어지되"(벧전 1:24).

② 몸을 의미하기도 합니다.

"이제 내가 육체 가운데 사는 것은 나를 사랑하사 나를 위하여 자기 자신을(몸을) 버리신 하나님의 아들을 믿는 믿음 안에서 사는 것이라"(갈 2:20).

③ 인간의 감각적인 부분을 의미하기도 합니다.

"육체의 소욕은 성령을 거스리고 성령은 육체를 거스르나니"(갈 5:17).

한편 본문에서 말하는 육신은 이런 것들이 아닌 예수 그리스도를 알기 전의 상태를 말합니다. 죄의 권세 아래에서 종노릇하던 상태를 말합니다. 구원받지 못한 옛사람의 상태를 말합니다(롬 6:6). 이것은 너무나 처절한 어둠의 상태에서 허물 많은 삶으로 일관했던 어리석은 삶을 가리키는 말씀입니다. 본문을 공동번역에서는 이렇게 말씀하고 있습니다. "전에 우리가 육적인 생활을 하고 있을 때에는." 우리도 전에는 옛사람으로 육적인 생활을 했던 사람이었습니다.

2) **"율법으로 말미암는(율법을 통하여) 죄의 정욕이"**라는 말씀입니
다. 죄의 정욕이란 인간의 본능적인 죄악들을 말합니다. 인간으
로서 정상적인 선을 넘은 것을 뜻합니다. 가만히 있어도 자연스
럽게 꿈틀거리는 못된 행동과 마음을 말합니다. 성경은 이것을
이렇게 말씀합니다.

"육체의 일은 분명하니 곧 음행과 더러운 것과 호색과 우상숭배와 주술과
원수 맺는 것과 분쟁과 시기와 분냄과 당 짓는 것과 분열함과 이단과 투
기와 술 취함과 방탕함과 또 그와 같은 것들이라 전에 너희에게 경계한 것
같이 경계하노니 이런 일을 하는 자들은 하나님의 나라를 유업으로 받지
못할 것이요"(갈 5:19~20).

인간이 본능적으로 살아가면 갈수록 죄만 무성할 뿐이라는 것입
니다. 급기야 남길 수 있는 흔적이라고는 전혀 없을뿐더러 하늘나
라에 들어갈 수 없다는 엄중한 말씀입니다. 한마디로 죄의 정욕은
전적으로 '타락의 결과로 나타난 현상'입니다. 죄인으로 살았기에
죄를 자연스럽게 짓는 모습입니다. 이것은 타락으로 인한 죄의 결
과라고 할 수 있습니다. 문제는 '죄의 정욕' 앞에 '율법으로 말미암
는'이라는 말이 있다는 것입니다. 이것은 율법이 죄를 죄라고 깨닫
게 해주고 알려 준다는 것을 의미합니다. 율법을 통하여 죄의 정욕
을 알 수 있음을 말합니다.

"그런즉 우리가 무슨 말을 하리요 율법이 죄냐 그럴 수 없느니라 율법으로

말미암지(통하지) 않고는 내가 죄를 알지 못하였으니"(롬 7:7).

옛사람이었을 때, 구원받기 전이었을 때, 우리의 모습은 죄의 정욕으로 가득한 부정적인 모습이었습니다. 죄짓기를 서슴없이 정당화했던 어리석기 그지없던 존재였습니다. 우리가 얼마나 부끄럽고 한심한 존재인지 알 수 없었습니다. 이런 모습이 바로 예수님을 믿기 전일 때의 우리 모습이었습니다. 이 사실이 믿어지십니까?

3) **"우리 지체 중에 역사하여 우리로 사망을 위하여 열매를 맺게 하였더니"**입니다. '지체'는 사람의 각 부위, 즉 눈, 코, 입, 귀, 팔, 다리 등을 말합니다. 이러한 지체를 통해 죄의 정욕이 일어납니다. 우리의 각 지체가 범죄의 도구로 쓰였다는 말입니다. 예를 들면 다음과 같습니다.

"여자가 그 나무를 본즉 먹음직도 하고 보암직도 하고 지혜롭게 할 만큼 탐스럽기도 한 나무인지라 여자가 그 열매를 따먹고 자기와 함께 있는 남편에게 주매 그도 먹은지라"(창 3:6).

여자가 눈으로 보고 욕심(탐심)이 생겨 발을 움직여 나무에 가까이 갔습니다. 그리고 손으로 선악을 알게 하는 열매를 따서 먹었습니다. 이것이 바로 지체가 저지르는 죄의 정욕입니다. 따라서 '사망을 위하여 열매를 맺게' 되었습니다. "한 사람의 범죄로 말미암아 사망이 그 한 사람을 통하여 왕 노릇 하였은즉"(롬 5:17). 그러므로 말미암아 결국 '죽음에 이르는 열매'를 맺게 된 것입니다.

"너는 흙이니 흙으로 돌아갈 것이니라 하시니라"(창 3:19).

"죄의 삯은 사망이요"(롬 6:23).

"욕심이 잉태한즉 죄를 낳고 죄가 장성한즉 사망을 낳느니라"(약 1:15).

죄를 지었으면 당연히 사망에 이릅니다. 죄는 곧 사망이라는 선언이 얼마나 무서운 말씀인지 아십니까? 얼마나 우리를 비참하게 하면서 비수를 찌르는 말씀인지 아십니까? 그런데 더욱더 무서운 것은 예수님을 믿지 못해 구원받지 못했다면 영원한 사망으로 이어진다는 것입니다. 영원한 사망이 기다리고 있다는 것입니다. 이것이 곧 둘째 사망입니다. 부정적이면서 무시무시할 정도로 무서운 말씀입니다.

"이것은 둘째 사망 곧 불못이라"(계 20:14).

"불과 유황으로 타는 못에 던져지리니 이것이 둘째 사망이라"(계 21:8).

이렇게 5절 말씀까지는 무척 부정적인 말씀입니다. 있는 그대로 우리 인간들의 형편과 처지를 가감 없이 고발하는 냉엄한 말씀입니다. 이런 말씀을 직면할 때 한편으로는 말할 수 없이 가슴 아프고, 한편으로는 무척 불편한 것도 사실입니다. 과연 희망은 있는 것인지, 희망이 있다면 어떻게 해야 하는지 생각이 복잡해질 수밖에 없습니다. 돌이켜보면 옛 시대나 지금 이 시대나 이렇게 부정적인 삶을 살다가 죽은 사람들이 너무나 많습니다. 심각하게 생각해 볼 일입니다.

긍정적인 말씀(6절)

1) **"이제는 우리가 얽매였던 것에 대하여 죽었으므로 율법에서 벗어났으니"**라는 말씀입니다. 5절 말씀을 보면 지극히 부정적이면서 암울합니다. 그러나 6절은 시작부터 무척 긍정적이고 감동적입니다. 희망이 있다는 것을 보여줍니다. 엄청나게 바뀐 삶이 있다는 것을 알려줍니다. 사도 바울은 바로 이렇게 시작합니다. '이제는' 놀라운 반전의 말씀입니다.

'이제는'이라는 말씀 이후에 나타나는 '얽매였던 것에 대하여 죽었다'는 말과 '율법에서 벗어났다'는 말은 같은 말이라 할 수 있습니다. '얽매였던 것'은 '율법'을 가리키기 때문입니다.

"그러므로 내 형제들아 너희도 그리스도의 몸으로 말미암아 율법에 대하여 죽임을 당하였으니"(롬 7:4).

그러므로 우리는 더 이상 율법에 의하여 판단 받지 않게 되었습니다. 도리어 하나님 앞에서 의롭다고 인정받는 사람이 된 것입니다. 하나님을 믿음으로 그렇게 된 것입니다. 아브라함처럼 된 것입니다.

"아브라함이 하나님을 믿으매 그것이 그에게 의로 여겨진 바 되었느니라"(롬 4:3).

"그러면 이제 우리가 그의 피로 말미암아 의롭다 하심을 받았으니"(롬 5:9).

본문 6절에서 중요한 단어는 '벗어났으니'라는 단어입니다. 율법으로부터 계속해서 끊임없이 벗어나는 것이 아니라 예수 그리스도를 믿는 단 한 번의 믿음으로 벗어났다는 것입니다. 단 한 번으로 영원히 벗어났다는 말입니다. 예수님의 십자가에서의 죽음이 이를 말해줍니다(히 9:26). 율법의 통제로부터, 지배로부터, 권세로부터, 속박으로부터, 압제로부터 벗어났다는 뜻입니다. 해방되었다는 뜻입니다. 자유롭게 되었다는 뜻입니다. 예수 그리스도를 믿음으로 율법의 얽매임에서 한순간에 벗어났다는 말씀은 이 시대 그리스도인에게 희망을 주는 말씀이 아닐 수 없습니다.

2) **"이러므로 우리가 영의 새로운 것으로 섬길 것이요 율법 조문의 묵은 것으로 아니할지니라"**입니다. '율법 조문의 묵은 것'은 율법을 가리킵니다. 이제는 당연히 구원받은 사람이 되었으니 율

법을 받들고 섬기는 것이 아니라 '영의 새로운 것으로 섬기는 것'이 마땅한 것입니다. 여기서 '영의 새로운 것'은 '성령으로 새롭게 하시는 것'을 말합니다. 공동번역은 이를 '성령께서 주시는 새 생명'이라고 표현했습니다. 따라서 '영의 새로운 것으로 섬길 것이요'라는 말씀을 다르게 표현하면 이렇습니다.

① 영으로 기도하고 마음으로 기도하는 것을 말합니다.

"내가 영으로 기도하고 또 마음으로 기도하며 내가 영으로 찬송하고 또 마음으로 찬송하리라"(고전 14:15).

② 성령을 따라 행하는 것을 말합니다.

"내가 이르노니 너희는 성령을 따라 행하라"(갈 5:16).

③ 성령으로 봉사하는 것을 말합니다.

"하나님의 성령으로 봉사하며"(빌 3:3).

④ 영의 일을 생각하는 것을 말합니다.

"육신을 따르는 자는 육신의 일을, 영을 따르는 자는 영의 일을 생각하나니 육신의 생각은 사망이요 영의 생각은 생명과 평안이니라"(롬 8:5~6).

이렇게 6절까지는 상당히 긍정적인 말씀입니다. 하늘이 무너져도 솟아날 구멍이 있다는 말이 이런 경우를 말하는 것이 아닌가 싶을 정도입니다. 어둠 속에 있다가 밝은 빛을 발견한 것 같은 놀라운 말씀입니다. 희망이 있다면 바로 이런 말씀 아니겠습니까? 기적이 있다면 바로 이런 말씀 아니겠습니까? 그리스도인이 되었다고 하는 자부심을 갖기에 충분하고도 황홀한 말씀입니다. 그리스도인이 되었다면 성령께서 주시는 새 생명으로 끝까지 살아 참된 그리스도인으로서 아름다운 흔적을 많이 남겨야 하지 않겠습니까? 믿음의 사람이라면 당연히 이런 귀한 말씀을 따라 귀하게 생각하고 귀하게 살아야 합니다.

중국 북송의 정치가 사마광이 어렸을 때 동네에서 큰일이 생겼습니다. 어린아이 하나가 물이 가득 찬 아주 커다란 독에 빠졌습니다. 아이가 어떻게 독에 올라갔는지는 알 수 없었으나 독 위에 올라가 물에 빠져 거의 죽게 되었습니다. 동네 사람들은 발을 동동 굴렸습니다. "아이구 어쩌나. 아이가 죽네. 큰일 났네!" 하면서 야단법석일 때 아이는 숨이 넘어가고 있었습니다. 이때 소년 사마광이 큰 돌멩이 하나를 가져다가 항아리 밑 부분을 사정없이 내리쳤습니다. 항아리가 깨지면서 물이 터져 나왔습니다. "와아!"하고 동네 사람들이 놀라는 사이에 독의 물은 다 빠지고 아이는 구출되었습니다. 모인 많은 사람 중에 독을 깰 생각을 한 사람은 사마광 한 사람뿐이었습니다. '독을 깨뜨릴 수는 없다'는 사고의 틀을 깼을 때 죽어가는 생명을 살린 것입니다.

우리가 깨뜨릴 사고의 틀은 없을까요? 사고의 틀을 깨뜨리기만 한다면 살아날 생명들은 무수히 많습니다. 틀에 박혀 있는 사고를 깨뜨린다는 것은 여간 어려운 일이 아니지만 깨뜨리기만 한다면 세상이 달라 보일 것입니다. 보이는 것만 있는 것이 아니라 보이지 않는 영적 세계도 있다는 것을 알아야 합니다. 이 세상만 있는 것이 아니라 저 세상도 있음을 상기해야 합니다. 부정적이었던 옛사람이 있는가 하면 긍정적인 새사람도 있음을 놓치지 말아야 합니다. 특별히 그리스도인이 되었다는 것은 부정적인 옛사람을 깨뜨리고 긍정적인 새사람이 되었다는 말입니다. 있을 수 없는 일이 기적적으로 일어난 놀라운 사건입니다. 그렇지 않습니까?

"

인간이 본능적으로 살아가면 갈수록
죄만 무성할 뿐이라는 것입니다.
급기야 남길 수 있는 흔적이라고는 전혀 없을 뿐더러
하늘나라에 들어갈 수 없다는 엄중한 말씀입니다.

"

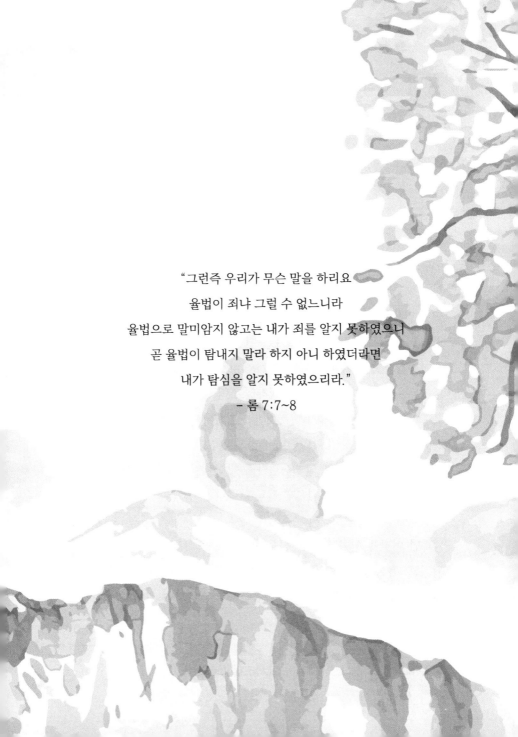

"그런즉 우리가 무슨 말을 하리요
율법이 죄냐 그럴 수 없느니라
율법으로 말미암지 않고는 내가 죄를 알지 못하였으니
곧 율법이 탐내지 말라 하지 아니 하였더라면
내가 탐심을 알지 못하였으리라."

– 롬 7:7~8

4장

율법 그리고 죄

두 나그네가 광야를 지나고 있었습니다. 한 사람은 욕심쟁이고 또 한 사람은 심술쟁이였습니다. 이때 마침 천사가 나타나 한 가지씩 소원을 말하면 소원을 들어주겠다고 말했습니다. 그런데 단, 두 번째로 소원을 말하는 사람에게는 첫 번째 사람의 소원을 두 배로 들어주겠다고 제안했습니다. 두 사람은 고민에 빠졌습니다. 욕심쟁이는 두 배를 받아야겠다고 생각했고, 심술쟁이는 상대가 두 배를 더 받는 것이 심술이 나서 눈치만 살폈습니다. 결국 서로 소원을 말하라고 싸움이 붙었고 마침내 심술쟁이가 먼저 소원을 빌었습니다. 심술쟁이는 이렇게 말했습니다. "저에게는 두 눈이 모두 필요하지 않습니다. 하나만 있으면 됩니다."

과연 어떻게 되었을까요? 심술쟁이는 소원대로 한쪽 눈을 잃게 되었고, 욕심쟁이는 두 눈을 모두 잃고 말았습니다. 이 얼마나 어처구니없는 일입니까? 사랑하고 협력하고 격려하며 살아도 시간이 부족한데, 욕심부리고 심술부리다 결국 허망한 꼴이 되고 말았습니다.

사람의 욕심은 끝이 없습니다. 사람의 심술도 끝이 없기는 마찬가지인 것 같습니다. 분명한 것은 욕심과 심술은 모든 것을 잃게 만든다는 것입니다. 조심하고 또 조심해야 합니다. 그리스도인의 입장에서 볼 때 욕심과 심술은 엄청난 죄라고 할 수 있습니다(약 1:15; 롬 6:23). 따라서 죄는 몹시 잘못된 것입니다. 악한 것입니다. 하나님과 원수 되게 하는 것입니다. 사망으로 이끄는 것입니다.

그런데 죄가 죄 되려면 분명한 기준이 있어야 합니다. 무엇이 죄인지 확실하게 알려주는 잣대가 있어야 합니다. 율법이 이런 역할을 감당합니다. 본문에 등장하는 율법은 예수 그리스도께서 오시기 전까지 주어진 하나님의 법입니다. 장차 오실 예수 그리스도의 그림자입니다(히 10:1). 예수 그리스도께로 인도하는 초등교사입니다(갈 3:24).

그런데 이런 율법을 지키려고 하면 할수록 연약한 인간은 절망하게 됩니다. 좌절을 맛보게 됩니다. 부끄러워지게 됩니다. 그러므로 하루빨리 율법에서 자유로워져야 하는데 그것은 율법의 완성자 되신 예수 그리스도를 만나는 것 외에는 다른 해결 방법이 없습니다. 예수 그리스도를 만나 구원받는 것이 곧 율법으로부터 자유할 수 있는 최고의 방법입니다. 이처럼 예수 그리스도께서 오시기 전까지 율법이 감당한 역할이 있었습니다. **율법의 역할은 무엇입니까?**

1) 죄가 죄 됨을 알게 하고 깨닫게 합니다.

"율법으로 말미암지 않고는 내가 죄를 알지 못하였으니"(롬 7:7중).

"그러므로 율법의 행위로 그의 앞에 의롭다 하심을 얻을 육체가 없나니 율법으로는 죄를 깨달음이니라"(롬 3:20).

죄의 특징과 죄의 모습, 그리고 죄의 의미를 올바르게 가르쳐 주는 것은 하나님의 율법밖에는 없습니다. 죄가 죄 됨을 알 수 없을 때 그것이 바로 죄라고 알게 하고 깨닫게 한 것이 율법이라는 말씀입니다. 이것은 엄청나게 놀라운 충격적인 사실입니다. 하지만 불신자들은 이런 죄의 특징, 죄의 모습, 죄의 의미를 알지도 이해하지도 깨닫지도 못합니다. 죄에 대해 관심이 없기 때문입니다. 그러기에 자신도 모르게 찾아오는 고통과 좌절과 아픔이라는 그림자가 뒤따를 수밖에 없지 않겠습니까?

사람이 정말 죄의 특징과 죄의 모습 그리고 죄의 의미를 올바르게 알고 이해하고 깨닫는다면 충격으로, 목마름으로, 괴로움으로 말미암아 그 사람은 영혼에 대하여, 삶에 대하여 깊이 고민하게 되어 있습니다. 그리고 또 한편으로는 구세주를 찾지 않을 수 없습니다. 자기 자신의 비참함 때문이라도 하나님을 찾지 않을 수 없게 됩니다. 그럼에도 불구하고 구세주에 대해 관심이 없고, 구원에 대해 관심이 없다면 이는 죄의 참혹함과 죄의 처절함을 올바르게 알지 못하고 이해하지 못하며 깨닫지 못했음을 보여 주는 증거입니다. 너무나 안타까울 뿐입니다.

2) 죄가 죄 됨을 구체적으로 보여줍니다.

"곧 율법이 탐내지 말라 하지 아니하였더라면 내가 탐심을 알지 못하였으리라"(롬 7:7하).

"네 이웃의 집을 탐내지 말라 네 이웃의 아내와 그의 남종이나 그의 여종이나 그의 소나 그의 나귀나 무릇 네 이웃의 소유를 탐내지 말라"(출 20:17).

'탐심(貪心)'이란 욕심내고 탐내는 것을 말합니다. 금지된 어떤 것을 하고 싶은 욕망을 말합니다. 하지 말아야 할 것을 바라고 갈망하는 마음을 말합니다. 부당한 욕심을 말합니다. 탐심은 결국 물질을 추구하며 그것을 하나님의 위치에까지 이르게 하기 때문에 결과적으로 그것은 우상숭배가 되는 것입니다(골 3:5). 어느 시대를 막론하고 탐심이 창궐하지 않았던 시대는 없었습니다. 탐심이 비켜간 시대는 없었습니다. 시대 속에서 탐심을 이기는 것이 인간성 회복의 지름길입니다.

사도 바울이 이렇게 율법의 역할을 거론하면서 탐심을 대표적으로 말하는 이유는 무엇일까요? 그것은 죄의 동기가 되는 것이 바로 탐심이라는 것을 누구보다도 잘 알고 있었기에 특별히 경계하려는 마음 때문이었습니다(딤전 6:10). 따라서 성경 말씀은 인간이 죄짓는 전형적인 시발점이 탐심이라는 것을 보여줍니다. 탐심이 무서운 이유가 바로 여기에 있습니다. 경각심을 가져야 할 일입니다. 이처럼 율법은 죄가 죄 됨을 탐심을 예로 들었던 것처럼 아주 구체적으로 보여줍니다. 그런데 이렇게 귀한 율법임에도 불구하고(시 19:7~10) 율법에는 구원이 없습니다. 이것이 율법의 가장 큰 약점입니다. 다만 율법은 인간의 죄를 알게 하고 깨닫게 합니다. 인간의 죄를 구체적으로 보여 줄 뿐입니다.

그렇다면 왜 탐심이 생기는 것일까요? 성경은 한마디로 죄 때문이라고 말합니다. 죄가 자꾸만 충동질해서 죄를 짓도록 만듭니다. 죄가 죄를 발판 삼아 거듭거듭 죄를 짓도록 부추깁니다. 죄가 죄를 디딤돌 삼아 죄를 짓도록 이용합니다. 이러한 죄가 탐심으로 나타납니다. 죄는 탐심이라는 인간의 가장 원초적인 본능을 자극해 결국에는 탐심을 수많은 죄로 둔갑시킵니다. 이것은 탐심 앞에서 처참하게 무너지는 무기력한 인간의 모습을 여실히 보여줍니다. 이것이 죄의 현실입니다. 무서운 일이 아닐 수 없습니다.

"그러나 죄가 기회를 타서"(롬 7:8상).

여기에서 '죄'란 하나님 앞에서 잘못된 것을 말합니다. 하나님의 뜻을 거역하는 것을 말합니다. 하나님과 함께 할 수 없는 것을 말합니다(출 20:3~17; 고전 6:9~10; 롬 1:29~31; 딤전 1:9~11; 골 3:5~8; 갈 5:19~21; 막 7:20~23). 한마디로 하나님 앞에서 자기 마음대로 살아가는 모든 행위를 죄라고 볼 수 있습니다. 이렇게 하나님 앞에서 죄를 지으면 나타나는 당연한 결과는 무엇일까요? 창 3:8~19에 등장하는 말씀들을 보면 그 결과를 아주 쉽게 이해할 수 있습니다. 가장 먼저 두려워합니다(8절). 그리고 수치스러워합니다(10절). 더불어 저주를 받게 됩니다(14절). 또한 고통이 있습니다(16~17절). 마지막으로 죽음이 임합니다(19절).

이러한 죄가 결국 무엇을 이루었을까요?

"계명으로 말미암아 내 속에서 온갖 탐심을 이루었나니"(롬 7:8중).

죄가 온갖 탐심을 이루었다고 말합니다. 다시 말해 각종 욕심, 악한 생각, 더러운 욕망, 부패한 정욕, 불의한 상상 등을 이루었다는 말입니다. 창세기는 이러한 사실을 완벽하게 잘 보여줍니다.

"여호와께서 사람의 죄악이 세상에 가득함과 그의 마음으로 생각하는 모든 계획이 항상 악할 뿐임을 보시고 땅 위에 사람 지으셨음을 한탄하사 마음에 근심하시고"(창 6:5~6).

"이는 사람의 마음이 계획하는 바가 어려서부터 악함이라"(창 8:21).

"여호와께서 또 이르시되 소돔과 고모라에 대한 부르짖음이 크고 그 죄악이 심히 무거우니 내가 이제 내려가서 그 모든 행한 것이 과연 내게 들린 부르짖음과 같은지 그렇지 않은지 내가 보고 알려 하노라"(창 18:20~21).

이처럼 인간들의 죄는 너무나 강력하고 엄청납니다. 그리고 적극적이며 놀라운 힘을 갖고 있습니다. 그런데 문제는 온갖 탐심이 계명으로 말미암아 이루어졌다고 본문은 말씀하고 있다는 점입니다. 이것을 달리 표현하면 이렇습니다. 죄가 율법을 이용하여 그렇게 했다는 것입니다. 죄가 어떤 효과를 얻기 위해서 율법을 사용했다는 것입니다. 죄가 율법을 지렛대로 사용하여 무섭게 활동했다는 것입니다. 달리 표현하면 율법이라는 분명한 기준이 있기에 죄가 죄일 수 있다는 말씀입니다. 악이 악일 수 있다는 말씀입니다. 탐심이 탐심일 수 있다는 말씀입니다. 바른 것이 무엇이고 올바르지 않은 것이 무엇인지 알 수 있다는 말씀입니다.

이에 따라 결과적으로 죄가 죽었다는 뜻은 무엇일까요?

"이는 율법이 없으면 죄가 죽은 것이니라"(롬 7:8하).

율법이라는 기준이 없으면 죄를 죄라고 할 수 없다는 말입니다.

율법이라는 분명한 기준이 없으면 사람은 죄에 대해 부끄러움을 모를 것입니다. 죄의식을 갖지 않을 것입니다. 고민하고 괴로워하지 않을 것입니다. 이러한 일들을 죄가 죽은 것이라고 말하는 것입니다(롬 4:15, 5:13). 율법이 없으면 아무리 많은 죄를 지어도 죄를 죄라고 할 수 없기에 죄가 죽었다고 말할 수 있습니다.

모세가 시내산에서 십계명을 받기 전까지도 사람들은 시기하고 질투하고 살인했습니다(창 4:1~8). 생각과 계획이 항상 악했습니다(창 6:5). 하나님 앞에서 불순종하고 부패했습니다(창 6:12). 그래서 모세가 십계명을 받기 전까지는 죄악된 삶을 살았어도 죄악된 부패한 행위가 하나님 앞에서 얼마나 크게 잘못된 엄청난 죄인지 깊이 알지 못했습니다. 알려고도 하지 않았습니다. 그런데 어느 날 모세를 통해 율법이 주어짐으로 인해 무엇이 죄인지 알게 되었습니다. 어떻게 하는 것이 죄인지 깨닫게 되었습니다. 왜 죄인지 이해하게 되었습니다.

오늘 이 시대의 상황도 마찬가지 아니겠습니까? 구원받기 전에는 무엇이 죄인지 알려고도 하지 않았고 깨닫지도 못했습니다. 죄에 대한 감각이 없었습니다. 하지만 이제 구원받은 그리스도인이 되고 보니 탐심, 시기, 질투, 미움 등의 죄를 알게 되었습니다. 낙태, 이혼, 가정파괴 등의 죄를 알게 되었습니다. 형식적인 예배와 형식적인 헌신의 죄를 알게 되었습니다. 불신앙의 죄를 알게 되었습니다. 그럼에도 불구하고 구원받지 못했다면 죄를 죄라고 감히 말할 수 없다는 말씀입니다.

　지금 이 시대는 율법의 시대가 아닙니다. 지금 이 시대는 은혜의 시대입니다(고후 6:2). 율법의 시대에는 죄를 고발합니다. 경고합니다. 파헤칩니다. 그러나 은혜의 시대에는 죄를 알게 합니다. 깨닫게 합니다. 보여 줍니다. 이처럼 죄악으로 가득한 어둠의 시대에 예수님으로 말미암아 은혜로 구원받아 그리스도인이 되었으니 얼마나 감사한 일입니까? 이런 시대를 그리스도인은 '은혜의 시대'라고 말하는 것입니다. 은혜의 시대에 그리스도인이 되었다면 은혜를 마음껏 만끽해야 하지 않겠습니까? 구원받은 기쁨을 위하여!

　"죄가 너희를 주관하지 못하리니 이는 너희가 법 아래에 있지 아니하고 은혜 아래에 있음이라"(롬 6:14).

"

율법을 지키려고 하면 할수록
연약한 인간은 절망하게 됩니다.
좌절을 맛보게 됩니다. 부끄러워지게 됩니다.
그러므로 하루빨리 율법에서 자유해야 하는데 그것은
율법의 완성자 되신 예수 그리스도를 만나는 것 외에는
다른 해결 방법이 없습니다.

"

"전에 율법을 깨닫지 못했을 때에는 내가 살았더니
계명이 이르매 죄는 살아나고 나는 죽었도다."

– 롬 7:9

5장

깨닫지 못했을 때와 깨달았을 때

한 여인이 꿈을 꾸었습니다. 그 여인은 새로 문을 연 가게에 들어가 가게를 구경하고 있었습니다. 놀랍게도 가게의 주인은 자기가 믿는 신이었습니다. 신은 그녀에게 무엇을 원하느냐고 물었습니다. 여인이 무엇을 파는 가게냐고 묻자 신은 "당신이 원하는 것은 다 있다"라고 말했습니다.

그 말에 여인은 외쳤습니다. "제게 행복과 부, 그리고 아름다움과 지혜를 주세요." 그러자 신은 조용히 웃으며 이렇게 대답했습니다. "미안하네, 여기서는 열매를 팔지 않고 다만 씨앗을 팔 뿐이네."

모든 열매는 씨앗으로부터 시작됩니다. 그러나 사람들은 씨앗에 별로 관심을 갖지 않습니다. 씨앗은 조그맣고, 주름지고, 씨눈은 작고 보잘것없습니다. 게다가 땅속에 깊이 묻어 두어야 합니다. 하지만 씨앗 속에는 생명이 있습니다. 어마어마한 생명이 숨어 있습니다. 30배, 60배, 100배, 또는 그보다 더 많은 생명을 품고 있습니다. 작은 씨앗이 땅에 숨겨지고, 싹이 나고, 자라나 수많은 생명을 탄생시키고 열매를 맺습니다. 그래서 씨앗이 귀한 것입니다. 이처럼 깨닫지 못했을 때는 관심이 없었던 것이 깨닫고 보니 관심의 대상이 되는 경우가 허다합니다.

신앙생활에서도 마찬가지입니다. 그리스도인들이 미처 깨닫지 못했을 때는 이렇게 말합니다. "성경, 예배, 찬양, 기도, 헌신, 구제 등이 얼마나 소중한지 구체적으로 잘 몰랐습니다." 그러나 그리스도인이 되어 깨닫게 되면 이 모든 것들에 대해 진지하게 이렇게 말합니다. "성경, 예배, 찬양, 기도, 헌신, 구제 등이 얼마나 소중한지 구체적으로 알게 되었습니다." 깨닫지 못했을 때는 부정적이고 냉소적이었으나 깨닫고 나서는 긍정적이고 호의적인 태도로 변합니다. 어느 날 어느 순간 깨닫고 보니 이것이 내 힘으로, 내 뜻대로, 내 마음대로 된 것이 아니라 하나님의 능력과 하나님께서 주시는 확신으로 된 것임을 온몸으로 깨닫게 됩니다. 그리고 확실하게 실감하게 됩니다. 그렇다면 깨닫지 못했을 때와 깨달았을 때란 좀 더 구체적으로 무슨 뜻입니까?

깨닫지 못했을 때

"전에 율법을 깨닫지 못했을 때에는 내가 살았더니"(롬 7:9상).

율법을 깨닫기 전에는 무엇이 죄인지 전혀 알지 못했다는 말입니다. 어떻게 하면 죄가 되는지 알지 못했습니다. 왜 죄라고 하는 것인지 무감각했습니다. 한마디로 깨닫지 못했을 때는 너무나 어리석게 살았다는 말입니다. 그러한 어리석음을 전혀 모른다는 것이 문제 중의 문제였습니다. 언제나 자기중심적이었고 다른 이들에 대한 배려는 전혀 없었습니다. 예를 들어보면 다음과 같습니다.

사도 바울의 옛 모습입니다. 사도 바울은 하나님의 의를 몰랐습니다. 자기 의를 세우기 바빴습니다. 하나님의 의에 복종하지 않았습니다(롬 10:3). 지나친 열심으로 살았습니다(갈 1:14). 열심으로는 교회를 박해하고, 율법의 의로는 흠이 없었습니다(빌 3:6). 이때 바울은 열정이 있었습니다. 확신이 있었습니다. 자신감이 넘쳤습니다. 능력이 충만했습니다. 부족함이 없었습니다. 경건하다고 여겼습니다. 자신이 훌륭한 신앙인이라고 착각했습니다. 이는 진정한 깨달음이 없을 때 인간이 어떤 형태의 모습으로 살아갈 수 있을지를 보여주는 단적인 예입니다.

다음으로 바리새인의 모습입니다.

"바리새인은 서서 따로 기도하여 이르되 하나님이여 나는 다른 사람들 곧 토색, 불의, 간음을 하는 자들과 같지 아니하고 이 세리와도 같지 아니함을 감사하나이다 나는 이레에 두 번씩 금식하고 또 소득의 십일조를 드리나이다 하고"(눅 18:11~12).

이때 바리새인은 그 어떤 죄도 짓지 않았습니다. 그래서 죄 많은 세리와 같지 않음을 하나님께 감사했습니다. 자신의 의로움에 대한 자신감이 지나칠 정도로 충만했습니다. 이러한 모습을 볼 때 바리새인은 스스로 경건하다고 생각하는 사람이었고, 자기 자신은 부족함이 전혀 없다고 여기는 사람이었습니다. 이는 전형적인 교만한 인간 유형의 모습을 보여줍니다. 신앙인으로서의 넉넉함이라고는 전혀 찾아볼 수 없는 삭막하고 이기적인 행태입니다.

그리고 부자 청년의 모습입니다.

"어떤 사람이 주께 와서 이르되 선생님이여 내가 무슨 선한 일을 하여야 영생을 얻으리이까 예수께서 이르시되 어찌하여 선한 일을 내게 묻느냐 선한 이는 오직 한 분이시니라 네가 생명에 들어가려면 계명들을 지키라 … (중략) … 그 청년이 이르되 이 모든 것을 내가 지키었사온대 아직도 무엇이 부족하니이까"(마 19:16~20).

이때 부자 청년은 무엇이든지 자신감이 넘쳤습니다. 무엇이든지 감당했고 무엇이든지 감당할 수 있다는 자부심으로 가득했습니다. 이는 완벽한 삶을 살았다는 자긍심으로 보이기도 합니다. 이런 자신감으로 예수님께 도리어 자신에게 무엇이 부족한지 반문합니다. 하지만 이런 행동은 오히려 오만방자한 모습으로 비춰지는 인간의 안타까운 모습이라 할 수 있습니다. 세상에 완전한 사람은 없습니다. 부자 청년의 이런 행태는 하나님 앞에서는 그 누구도 보잘것없는 존재라는 사실을 잊어버린 경우입니다.

사도 바울이나 바리새인이나 부자 청년이나 깨닫지 못했을 때는 내가 살아 있습니다. 내가 먼저 앞서기 바쁩니다. 부끄러움이나 창피함을 모릅니다. 참된 슬픔을 모릅니다. 자신의 처지를 모릅니다. 어리석습니다. 유치합니다. 하늘 높은 줄 모릅니다. 착각도 이만저만한 것이 아닙니다. 이것이 바로 우리의 옛 모습이 아닐까요? 우리도 한때 이런 유형의 모습으로 살았으면서도 자기 잘난 맛에 당당하게 살지 않았을까요? 한참이나 멀었음에도 불구하고 뭔가 된 것처럼 살지는 않았을까요? 이러한 모습이 깨닫지 못했을 때의 현실입니다.

깨달았을 때

"계명이 이르매 죄는 살아나고 나는 죽었도다"(롬 7:9하).

율법의 기준을 적용하면 우리는 언제나 '으메 기죽어' 할 수밖에 없습니다. 인간의 한계와 연약함을 발견할 수밖에 없습니다. 그럼에도 불구하고 확실한 율법의 기준이 무엇을 따라야 하는 것인지, 무엇을 따르지 말아야 하는 것인지 알 수 있는 계기가 됩니다. '계명이 이르매'라는 말씀은 '계명의 근본정신을 깨달으매'라는 말씀입니다. 정신이 번쩍 들게 하는 말씀입니다. 계명이 우리에게 이르지 않았다면 어찌 되었을까를 생각하면 아찔하기만 합니다. 다행인 것은 우리가 지금 계명을 알고 있다는 사실입니다. 성경 말씀을 통해 알고 있고 예수님의 말씀을 통해 알고 있습니다.

> "예수께서 이르시되 너희가 맹인이 되었더라면 죄가 없으려니와 본다고 하니 너희 죄가 그대로 있느니라"(요 9:41).

> "내가 와서 그들에게 말하지 아니하였더라면 죄가 없었으려니와 지금은 죄를 핑계할 수 없느니라"(요 15:22).

사람들은 모두가 죄인입니다. 그러나 예수님께서 말씀하시기 전에는 어떤 의미에서 우리 모두는 죄인임을 모르고 살았습니다. 사람들이 모두 죄인이라는 사실을 모르고 살았다는 것입니다. 예수님께서 이 말씀을 하시는 순간 '죄는 살아나고'가 되는 것입니다. 그리하여 인간의 죄악이 드러납니다. 악한 사고방식, 못된 행동, 교만 같은 것입니다. 인간의 부패가 밝혀집니다. 음모, 권모술수, 간계, 위선 같은 것입니다. 인간의 어리석음이 밝혀집니다. 시기, 질투, 교활, 수군거림 같은 것입니다.

예수님께서 말씀하시지 않으셨다면 아무도 그것을 알지 못했을 것입니다. 예수님께서는 죄를 끄집어내셨고 죄를 죄로 알게 하셨던 것입니다. 그래서 알게 되었고 깨닫게 되었습니다. 결국 우리도 사도 바울처럼 이렇게 고백할 수밖에 없게 됩니다.

"내 속 곧 내 육신에 선한 것이 거하지 아니하는 줄을 아노니 원함은 내게 있으나 선을 행하는 것은 없노라 내가 원하는 바 선은 행하지 아니하고 도리어 원하지 아니하는 바 악을 행하는도다"(롬 7:18~19).

바울은 깨달았을 때 자기의 약함을 알게 되었습니다. 자기의 무능함을 깨닫게 되었습니다. 자기의 악함을 알게 되었습니다. 자기 자신의 절망을 보게 되었습니다. 이것은 깨닫기 전의 자신감이 차고 넘쳤던 모습과는 대조적으로 자신감이 사라졌다는 말입니다. 자기만족도 없어졌다는 말입니다. 자신을 의지하던 것도 완전히 사라졌다는 말입니다. 자신이 죽은 사람처럼 느껴졌다는 말입니다(롬 6:23). 사도 바울이 깨달았을 때 이렇게 엄청난 고백을 합니다.

"내가 그리스도와 함께 십자가에 못 박혔나니 그런즉 이제는 내가 사는 것이 아니요 오직 내 안에 그리스도께서 사시는 것이라 이제 내가 육체 가운데 사는 것은 나를 사랑하사 나를 위하여 자기 자신을 버리신 하나님의 아들을 믿는 믿음 안에서 사는 것이라"(갈 2:20).

하나님께서 율법을 왜 주셨을까요? 인간들을 괴롭히기 위해 주셨을까요? 인간들을 어렵게 하기 위해 주셨을까요? 아닙니다. 결코 아닙니다. 유익을 주시기 위해 율법을 주셨습니다. 올바른 길이 무엇인지 가르쳐 주시기 위해 율법을 주셨습니다. 복을 주시기 위해 율법을 주셨습니다. 인간이 어떻게 살아야 하는지를 알려 주시기 위해 율법을 주셨습니다. 인간의 죄악된 모습을 깨닫게 하시기 위해 율법을 주셨습니다.

율법이 그리스도인에게 다가와 깨닫게 되었을 때 그리스도인은 자기 자신의 현실을 알게 됩니다. 자기 자신의 약함을 알게 됩니다. 자기 자신의 헐벗음을 알게 됩니다. 자기 자신의 눈멂을 알게 됩니다. 자기 자신의 형편없음을 알게 됩니다. 자기 자신의 비참함을 알게 됩니다. "계명을 깨달으매 죄는 살아나고 나는 죽었도다"

결과적으로 율법을 깨닫지 못했을 때와 깨달았을 때를 통해 다음과 같은 사실을 알게 됩니다. 먼저 율법은 사람을 책임질 수 없다는 분명한 한계가 있습니다. 율법 아래 있으면 죄가 더 드러납니다. 죄가 더 만들어집니다. 죄를 통해 더 절망합니다. 죄를 통해 죽을 수밖에 없습니다. 그리스도인에게 필요한 것은 율법에서 자유 하는 것입니다. 그리고 예수님과 함께 살아가는 것입니다.

그리고 죄인을 죄인이 아니라고 하는 것보다 더 위험한 것은 없다는 엄중함입니다(요일 1:8). 율법 아래 있으면서 '나는 선하고 착한 사람이다. 나는 최선을 다하며 살고 있다. 나는 솔직히 죄인이라고 생각하지 않는다.'라고 말하는 것은 율법이 무엇인지 몰라서 하는 말입니다. 율법을 깨닫지 못했기 때문입니다. 율법이 다가오지 않았기 때문입니다.

마지막으로 깨달았을 때와 깨닫지 못했을 때의 차이는 하늘과 땅 차이라는 점입니다. 대수롭지 않은 차이라 여길 수 있을지 모릅니다. 하지만 이것이 실로 엄청난 차이라는 것을 알아야 합니다. 결국 삶이 달라집니다. 시각이 달라집니다. 생각이 달라집니다. 좀 더 크게 보면 죽고 사는 문제에까지 이르게 됩니다. 죽느냐 사느냐 하는 문제보다 더 큰 문제는 없습니다.

66

율법이 다가와 깨닫게 되었을 때
그리스도인은 자기 자신의 현실을 알게 됩니다.
자기 자신의 약함을 알게 됩니다.
자기 자신의 헐벗음을 알게 됩니다.
자기 자신의 눈 멈을 알게 됩니다.
자기 자신의 형편없음을 알게 됩니다.
자기 자신의 비참함을 알게 됩니다.

99

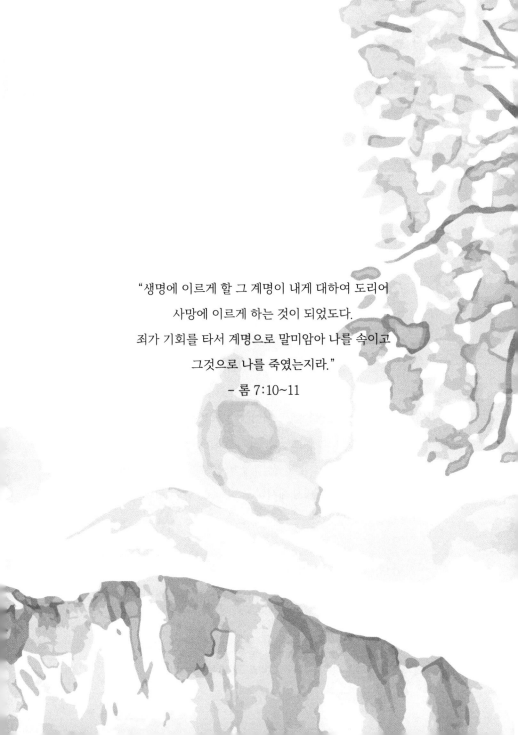

"생명에 이르게 할 그 계명이 내게 대하여 도리어
사망에 이르게 하는 것이 되었도다.
죄가 기회를 타서 계명으로 말미암아 나를 속이고
그것으로 나를 죽였는지라."

– 롬 7:10~11

6장

나를 죽였는지라

'남이 하면 불륜, 내가 하면 로맨스'라는 말이 있습니다. 이 말처럼 우리는 대부분 자신에 대해서는 관대하거나 동정적이지만 남에 대해서는 아주 냉정합니다. 이것을 이렇게 대하는 태도로 알 수 있습니다.

남의 자식이 흘리는 콧물은 불결하고, 내 자식이 흘리는 콧물은 귀엽다. 자기 자식이 집안에서 뛰어놀면 씩씩하게 보이고, 남의 자식이 뛰어놀면 예의 없게 보인다. 자기가 말을 많이 하면 필요한 말을 했다고 생각하고, 남이 말을 많이 하면 수다스럽다고 한다. 자기가 비싼 물건을 사면 필요해서라고 말하고, 남이 고급 물건을 사면 사치스럽다고 말한다.

이처럼 우리는 하나같이 자기 자신에게는 후하고, 너그럽고, 관대하고, 남에 대해서는 냉철하고, 비판적이고, 공격적인 성향을 가지고 있습니다. 예수님의 말씀처럼 형제의 눈 속에 있는 티는 보고, 자신의 눈 속에 있는 들보를 보지 못하기 때문입니다(눅 6:41~42). 이러한 이유는 우리 안에 죄의 성품이 있기 때문입니다. 이 죄의 성품이 결국 사망으로 이어진다고 성경은 말씀합니다.

"이제는 너희가 그 일을 부끄러워하나니 이는 그 마지막이 사망임이라"(롬 6:21).

위 본문은 롬 7:9 하반절 말씀의 "나는 죽었도다"에 관한 상황을 다시 풀어서 설명하는 말씀입니다. 왜 죽었다고 하는지, 무엇을 죽었다고 하는지, 죽은 이유는 무엇인지를 말씀합니다. 진지하게 그리고 확실하게 그러면서 보다 구체적인 모습으로 말입니다. 이렇게 좀 더 상세하게 소개하고 있는 본문이기에 관심을 집중할 필요가 있습니다. 나를 죽였다는 말은 무슨 뜻일까요?

계명이 나를 죽였다는 말씀입니다.

"생명에 이르게 할 그 계명이 내게 대하여 도리어 사망에 이르게 하는 것이 되었도다"(롬 7:10).

본문은 이렇게 시작합니다. 계명을 일컬어 생명에 이르게 할 계명이라고 말씀합니다. 놀라운 표현입니다. 어떻게 잘못 생각하면 오해를 낳을 수 있는 말씀이기도 합니다. 하지만 이 말씀이 그런 말씀이 아니라는 것을 우리는 잘 알고 있습니다. 계명, 즉 다시 말해 율법은 죄가 죄 됨을 깨닫게 하고, 죄가 죄 됨을 구체적으로 보여준다는 것을 앞에서 언급했습니다.

"율법으로 말미암지 않고는 내가 죄를 알지 못하였으니 곧 율법이 탐내지 말라 하지 아니하였더라면 내가 탐심을 알지 못하였으리라"(롬 7:7; 3:20).

그러므로 율법의 행위로는 의로울 수 없습니다. 율법으로는 거룩하게 될 수 없습니다. 율법으로는 구원받을 수 없습니다. 율법으로는 생명을 얻을 수 없습니다. 따라서 본문이 말씀하고자 하는 것은 '계명을 통해 생명을 얻게 한다는 것이 아니라 계명을 지키는 사람만이 생명에 이르게 된다'는 뜻입니다. 이는 다시 말해 '계명을 지킴으로 생명에 이르게 할 계명'이라고 할 수 있습니다. 예를 들면 다음과 같습니다.

하나님은 모세를 통해 이렇게 말씀하십니다. 세계가 하나님께 속했다고 말씀합니다. 그러므로 이스라엘 백성들은 하나님의 말씀을 잘 듣고, 하나님의 말씀을 잘 지켜야 한다고 말씀합니다. 오늘날로 말하면 구원받은 그리스도인들도 하나님의 말씀을 잘 듣고, 하나님의 말씀을 잘 지켜야 한다는 말씀입니다. 그렇게 될 때 하나님의 소유가 되고, 하나님의 제사장 나라가 되며, 하나님의 거룩한 백성이 된다고 말씀하십니다(출 19:5~6).

또한 이스라엘 백성들을 향해 애굽 땅에 거주했던 그때의 풍속을 따르지도 말고, 하나님께서 인도할 가나안 땅의 풍속과 규례도 행하지 말라고 엄중하게 경고하십니다. 오직 하나님의 법도를 따르고 하나님의 규례를 지켜 행할 것을 거듭거듭 강조하십니다. 이렇게 지켜 행하는 길만이 사는 길이라고 말씀하십니다. 하나님의 말씀을 지켜 행하는 것이 얼마나 귀한 것인지 살고 죽는 것으로 말씀하고 있다는 사실에 경각심을 가져야 합니다(레 18:3~5).

한편 하나님께서 이렇게 하나님의 규례를 지키라고 하시는 것은 결국 하나님의 백성들을 복받게 하시고 복을 누리게 하시기 위함이라는 것을 알게 됩니다. 하나님께서 주시는 복을 누릴 수 있는 위치에 있다는 것은 실로 어마어마한 복이 아닐 수 없습니다. 하나님의 백성으로서 하나님의 명령을 지키면 그것이 하나님의 백성들의 의로움이라고 말씀하십니다(신 6:24~25).

더불어 하나님의 율법을 행하지 않는 자는 저주를 받을 것이라고 말씀하십니다. 이는 실로 무서운 말씀입니다. 저주라는 말은 함부로 할 수 있는 말이 아닐 뿐만 아니라 함부로 입에 올리기 어려운 말이기 때문입니다. 그만큼 엄중하고 엄중하다는 말씀입니다. 이러한 말씀을 들을 때 경각심을 가지게 되고 심히 두렵고 떨리는 심정이 될 수밖에 없습니다. 정신이 번쩍 들게 하는 말씀이 아닐 수 없습니다(신 27:26).

이런 가운데 한층 더 강조되는 것이 있습니다. 하나님의 말씀을 귀 기울여 알아듣고 하나님의 모든 명령을 성실하게 지켜 행하면 모든 민족 위에 뛰어나게 하실 것이라는 말씀입니다. 어디서든지 빛나고, 무엇이든지 잘 되게 하시겠다는 하나님의 준엄한 선포입니다. 이는 하나님의 말씀을 따라 살기를 원하는 모든 민족이나 모든 사람이 명심하고 깊이 있게 받아들여야 할 말씀입니다(신 28:1~6).

이러한 율법에 대해 예수님은 어떻게 말씀하셨는지, 그리고 사도 바울은 무엇이라 말씀했는지 살펴보겠습니다.

"어떤 율법사가 일어나 예수를 시험하여 이르되 선생님 내가 무엇을 하여야 영생을 얻으리이까 예수께서 이르시되 율법에 무엇이라 기록되었으며 네가 어떻게 읽느냐 대답하여 이르되 네 마음을 다하며 목숨을 다하며 힘을 다하며 뜻을 다하여 주 너의 하나님을 사랑하고 또한 네 이웃을 네 자신 같이 사랑하라 하였나이다 예수께서 이르시되 네 대답이 옳도다 이를 행하라 그러면 살리라 하시니"(눅 10:25~28).

"그러면 율법이 하나님의 약속들과 반대되는 것이냐 결코 그럴 수 없느니라 만일 능히 살게 하는 율법을 주셨더라면 의가 반드시 율법으로 말미암았으리라"(갈 3:21).

지금까지 언급된 말씀들을 살펴볼 때 율법이 너무나 귀하다는 사실을 알았습니다. 그리고 율법을 주신 하나님의 깊은 뜻을 알 수 있었습니다. 이러한 율법을 하나님께서 주셨기에 하나님은 이를 그대로 행할 것을 요구하십니다. 그렇게 하면 복을 주신다고 말씀합니다. 그럼에도 불구하고 정말 가장 큰 문제는 그 누구도 율법을 따라 살지 못했다는 것입니다. 인간은 불행하게도 그 누구 하나 처음부터 끝까지 율법의 모든 요구를 만족시키지 못했습니다. 율법에 한참이나 미치지 못하는 삶을 살았습니다. 이것이 인간의 현실이고 상황이었습니다. 어찌할 수 없는 인간의 한계였습니다. 그러했기에 율법을 지키지 못한 대가는 죽음이었습니다.

"계명이 이르매 죄는 살아나고 나는 죽었도다"(롬 7:9).

"그 계명이 내게 대하여 도리어 사망에 이르게 하는 것이 되었도다"(롬 7:10).

계명으로 우리의 죄를 비춰보았을 때 죄는 너무 많이, 너무 선명하게 다가왔습니다. 죄가 죄로서 확실하게 드러났습니다. 아무리 사소한 것이라도 감출 수 없도록 분명하게 보였습니다. 계명의 기준은 정확하고도 정확했습니다. 변명하고 싶어도 할 수 없는 처지입니다. 계명 앞에서 무슨 말을 할 수 있겠습니까? 쥐구멍이라도 들어가고 싶지만, 도저히 그럴 수 없는 처지입니다. 이것이 계명 앞에서의 우리의 현실입니다. 그렇기에 그렇게 선명하게 드러난 죄로 말미암아 죽을 수밖에 없다는 말씀입니다. 다른 방법이 없다는 말씀입니다. 무슨 특별한 방법이라도 있었으면 좋겠는데 별 다른 방법이 도무지 없다는 말씀입니다. 이것이 바로 계명이 나를 죽였다는 말씀입니다.

죄가 나를 죽였다는 말씀입니다.

"죄가 기회를 타서 계명으로 말미암아 나를 속이고 그것으로 나를 죽였는지라"(롬 7:11).

사도 바울은 율법이 생명과 행복과 거룩함과 기쁨과 감격 등을 주기보다는 오히려 정반대로 사망과 불행과 저주와 범죄와 무능력과 비참함을 보여 주었다고 말합니다. 생명에 이르게 할 정도로 귀한 율법이 왜 이토록 처절한 죽음에 이르게 하는 것입니까? 그것은 전적으로 죄 때문입니다. 죄가 아니고는 설명할 방법이 없는 것입니다. 죄라고 하는 상상도 할 수 없는 엄청난 문제와 장벽 앞에서 인간은 좌절할 수밖에 없음을 보여줍니다. "죄가 기회를 타서 계명으로 말미암아 … (중략) … 나를 죽였는지라." 다시 말해 죄가 율법을 방편으로 말미암아 한 일 때문입니다.

사도 바울은 이후에 분명한 어조로 이렇게 말씀합니다. 율법을 잘못 사용했기 때문에 죄를 지을 수밖에 없었다고 말입니다. 율법을 올바르게 사용했더라면 죄도 짓지 않고 범죄 하지 않으면서 좀더 하나님 앞에서 영광스러운 삶을 살 수 있었다고 말입니다. "의의 법을 따라간 이스라엘은 율법에 이르지 못하였으니 어찌 그러하냐 이는 그들이 믿음을 의지하지 않고 행위를 의지함이라 부딪칠 돌에 부딪쳤느니라"(롬 9:31~32). '부딪칠 돌'이란 이스라엘 백성들이 율법을 바르게 사용하지 않았다는 것입니다. 하나님의 율법이 그들에게 주어졌지만 그것을 그릇되게 사용했다는 것입니다. 선민이었던 이스라엘 백성이었지만 율법에 대해 관심이 없었다는 것입니다.

　본문 11절 말씀은 특별히 죄의 교활함을 보여줍니다. 죄의 사악함을 보여줍니다. 죄의 속임수를 보여줍니다. '나를 속이고'는 '계명으로 말미암아 나를 속이고'라는 말입니다. 이것은 완전히 나를 속인 것을 말합니다. 철저하게 나를 속인 것을 말합니다. 확실하게 나를 속인 것을 말합니다. 돌이켜 이 말씀을 생각해 보면 그만큼 인간은 죄에 대한 경각심이 대단히 부족하다는 것을 알 수 있습니다. 이를 통해 죄의 공격을 방어할 만한 능력이 인간에게는 없다는 것도 알 수 있습니다. 죄를 이길 수 있는 힘이 그만큼 없다는 말입니다. 죄에 대한 허점이 너무 많다는 방증이기도 합니다. 죄에 속아 넘어가는 과정을 자세하게 보여주고 있는 절대적인 예가 아담과 하와가 속아 넘어가는 장면입니다.

　하나님은 아담에게 이렇게 말씀하셨습니다. "선악을 알게 하는 나무의 열매는 먹지 말라 네가 먹는 날에는 반드시 죽으리라 하시니라"(창 2:17). 하지만 뱀은 하와를 이렇게 유혹하고 속입니다. "뱀이 여자에게 이르되 너희가 결코 죽지 아니하리라 너희가 그것을 먹는 날에는 너희 눈이 밝아져 하나님과 같이 되어 선악을 알 줄 하나님이 아심이니라"(창 3:4~5).

이렇게 유혹에 빠져 속아 넘어간 인간은 결국 하나님과 원수가 되었고 그 결과 죽음을 맞이하게 되었습니다. 이 얼마나 안타깝고 비참한 일입니까? 이 얼마나 한심스럽고 뼈아픈 일입니까? 좀 더 경각심을 가졌더라면, 좀 더 신중하게 생각했더라면 하는 아쉬움이 밀려오는 것은 어찌 된 일일까요? 안타깝게도 인간은 결국 사망할 수밖에 없는 처지가 되어 버립니다. 이러한 상황 가운데 사도 바울은 죄에 대해 엄중하게 말합니다. 죄가 기회를 타서 나를 속이고 나를 죽인다는 죄의 두려움에 대해 이렇게 강력하게 충고합니다.

1) 마음이 부패할까 두려워해야 한다고 말합니다(고후 11:3).

사람의 마음은 누구도 알 방법이 없습니다. 마음을 안다는 것이 그만큼 어렵다는 뜻입니다. 더구나 쉽게 변할 뿐만 아니라 간사하기까지 한 것이 마음입니다. 이러한 마음을 진실하게 그리고 깨끗하게 가꾼다는 것은 보통 어려운 일이 아닙니다. 특별히 예수님을 향하여 진실한 마음, 깨끗한 마음을 가꾸어 귀한 삶을 이어 간다는 것은 더욱더 어려운 일이 아닐 수 없습니다. 그럼에도 불구하고 이렇게 하지 않는다면 죄를 지어 마음이 부패되는 것은 한순간입니다. 이를 두려워해야 합니다.

2) 옛사람을 벗어 버리라고 말합니다(엡 4:22).

예수님을 믿기 전에는 유혹의 욕심을 따라 죄가 뭔지도 모르고 죄를 지었습니다. 그것이 얼마나 잘못된 것인지, 얼마나 위험한 것인지, 얼마나 부패하고 썩어 냄새나는 것인지 알지 못했습니다. 이처럼 희망이라고는 전혀 없었던 사람이었습니다. 그러나 이제 믿음으로 구원받은 그리스도인이 되었으니 옛사람은 벗어버려야 합니다. 옛사람, 옛 모습, 옛 습관을 그대로 간직하고 있다면 죄를 이기기가 몹시 어렵습니다. 또다시 죄짓는 것은 한순간입니다.

3) 죄의 유혹으로 완고하게 되지 않아야 한다고 말합니다(히 3:13).

죄의 유혹은 구원받기 전이나, 또는 구원받은 이후에도 늘 주위에 도사리고 있습니다. 조금이라도 방심하면 죄는 물불을 가리지 않고 달려들게 되어 있습니다. 이렇게 죄짓는 것도 한순간이지만 죄의 유혹을 받아 죄짓고 또 죄지으면 마음이 굳어져 딱딱해지기 마련입니다. 점점 더 고집이 강해지고 독선적이게 될 가능성이 커집니다. 죄에 대한 경각심을 확실하게 갖고 있지 않으면 믿음으로 구원받았다고 말할 수는 있을지 모르지만 믿음의 열매는 기대하기 어려워집니다. 날이면 날마다 순간마다 서로서로 권면하여 죄의 유혹으로 완고하게 되지 않도록 경각심을 가져야 합니다.

죄 없는 세상은 어디 없을까요? 죄 없는 세상을 꿈꾸어 보지만 그런 세상을 찾을 수 없다는 현실이 안타까울 뿐입니다. 이 세상에서는 너무나 슬프게도 죄 가운데 죄와 함께 죄를 지을 수밖에 없는 상황이 계속됩니다. 연속적으로 죄가 시간과 장소를 가리지 않고 끊임없이 펼쳐집니다. 죄로 인해 수많은 한숨과 고통과 좌절과 눈물이 이어집니다. 이것이 인간 세상의 한계이고 죄의 무서운 결과입니다. 그리고 인간의 삶은 마침내 죽음으로 끝이 납니다. 인간 세상에서의 삶은 이처럼 허망하게 막을 내리게 됩니다. 이런 현실이 얼마나 슬픈 일인지, 그리고 얼마나 괴로운 일인지 가늠할 길이 없습니다. 그러므로 죄가 나를 죽였다는 말을 심각하게 받아들여야 합니다. 죽음은 죄 때문입니다. 죄인인 내가 문제입니다. 이것이 죄가 나를 죽였다는 말씀입니다.

66

계명의 기준은 정확하고도 정확했습니다.
변명하고 싶어도 할 수 없는 처지입니다.
계명 앞에서 무슨 말을 할 수 있겠습니까?
쥐구멍이라도 들어가고 싶지만
도저히 그럴 수 없는 처지입니다.
이것이 계명 앞에서의 우리의 현실입니다.

99

"이를 보건대 율법은 거룩하고 계명도 거룩하고 의로우며 선하도다

그런즉 선한 것이 내게 사망이 되었느냐 그럴 수 없느니라

오직 죄가 죄로 드러나기 위하여 선한 그것으로 말미암아

나를 죽게 만들었으니 이는 계명으로 말미암아

죄로 심히 죄 되게 하려 함이라 우리가 율법은 신령한 줄 알거니와

나는 육신에 속하여 죄 아래에 팔렸도다."

– 롬 7:12~14

7장

율법 이해

남녀를 이해할 수 있는 재미있는 분석이 있습니다. 통계로 보는 관계별 통화 시간입니다. 통화 시간의 차이로 남녀를 이해할 수 있습니다. 전화를 건 사람과 전화를 받는 사람이 남자와 남자인 경우 평균 통화 시간이 59초, 아들과 엄마인 경우 50초, 아들과 아빠인 경우 30초, 남자와 여친인 경우 1시간 23분 59초, 여자와 여자인 경우는 장장 5시간 29분 59초, 여자와 남친인 경우 1분 20초, 남편과 마누라인 경우 3초, 마누라와 남편인 경우 부재중 14통입니다.

딸에게 이것을 이야기했더니 이런 말을 했습니다. "여자 친구끼리 만나면 수다를 그렇게 많이 떨어놓고도 다시 이렇게 말해요. '중요한 것은 다시 만나서 얘기해.'" 남녀를 이해한다는 것이 이렇게 어렵습니다. 마찬가지로 율법을 이해하는 것도 결코 쉽지는 않습니다. 그럼에도 불구하고 성경은 율법을 이해할 수 있도록 말씀하고 있습니다. 율법을 어떻게 이해해야 할까요?

율법은 죄가 될 수 없다는 말씀입니다.

"이를 보건대 율법은 거룩하고 계명도 거룩하고 의로우며 선하도다"(롬
7:12).

죄는 부패하고 악한 인간이 짓는 것입니다. 율법이 결코 죄짓게
하는 것이 아닙니다. 악한 인간의 잘못된 생각과 잘못된 행동이 죄
를 낳고 죄를 짓는 악순환을 거듭할 뿐입니다. 이러한 본질적인 현
실 속에서 살아가는 존재가 바로 우리 아닙니까? 따라서 죄가 기회
를 타서 율법을 이용하여 인간이 죄를 짓게 하는 것이라고 볼 때 율
법은 죄가 아닙니다. 죄가 될 수 없습니다. "율법이 죄냐 그럴 수 없
느니라"(7절). 사도 바울은 오히려 율법에 대한 자세한 설명을 통
해 율법 속에 조명된 하나님의 속성(성품)들을 보여 주며 율법이 얼
마나 귀한 것인지 가르쳐줍니다.

1) '거룩하고'

거룩하다는 말은 함부로 쓸 수 있는 말이 아닙니다. 거룩하다는
말은 오직 하나님께만 쓸 수 있습니다. 거룩하다는 말은 죄악과는
절대적으로 반대되는 개념입니다. 사람은 끊임없이 죄짓고 부패하
여 거룩할 수도 없고, 거룩해지려는 마음도 전혀 없는 것처럼 살아
갑니다. 구별된 삶을 살았으면 좋겠는데, 거룩한 삶을 살았으면 좋
겠는데 그렇지 못한 것이 세상살이의 현주소입니다. 불행하고 안

타까운 현실입니다. 도무지 앞이 보이지 않습니다.

이러한 문제는 인간이 거룩할 수 없다는 것을 가슴 절절히 실감하고 깨닫게 되는 계기가 됩니다. 하지만 하나님은 절대적으로 거룩하십니다. 따라서 하나님이 거룩하시다는 말은 하나님께서는 피조물과는 본질적으로 구별된다는 뜻이고, 죄로부터는 절대적으로 구분된다는 뜻입니다. 하나님은 우리에게 "내가 거룩하니 너희도 거룩하라"고 말씀하십니다(벧전 1:15~16). 하나님은 거룩하십니다. 하나님이 거룩하신 것처럼 율법도 거룩하다고 말씀합니다. 따라서 율법은 죄가 될 수 없습니다.

2) '의로우며'

의롭다는 말은 바르고 옳다는 말입니다. 공정하며 엄격하다는 말입니다. 정당하다는 말입니다. 성경에는 의로움에 대한 말씀들이 많이 등장하고 있습니다. 그중에 의로움을 선명하게 보여주는 장면이 있습니다. 바로 창세기 3장에 등장하는 말씀입니다. 이것은 하나님의 의로움에 대한 분명한 본보기입니다. 예를 들면 하나님은 아담과 하와를 타락하게 한 뱀에게 배로 다니는 저주와 함께 흙을 먹게 하십니다. 여자와 여자의 후손과 원수가 되고 여자의 후손이 머리를 상하게 할 것이라고 말씀하십니다(창 3:14~15).

하와에 대해서는 임신하는 고통과 수고하여 자식을 낳을 것과 남편에 의해 다스림 받을 것을 말씀하십니다(16절). 아담에게는 평생 땀 흘려 수고해야 먹을 수 있으며 죽어 흙으로 돌아갈 것이라고 말씀하십니다(17~19절). 이러한 징계와 함께 아담과 하와는 결국 에덴동산에서 영원히 쫓겨나는 신세가 되고 맙니다(24절). 이 모든 일련의 상황들을 볼 때 하나님의 의로우심은 정확하다는 것을 알 수 있습니다. 성경은 하나님이 의로우신 것처럼 율법도 의롭다고 말씀하십니다. 따라서 율법은 죄가 될 수 없습니다.

3) '선하도다'

하나님께서 친히 선의 근본이시자 모든 선의 근원임을 의미합니다. 하나님의 선하심은 사람들이 생각하는 선과는 근본적으로 확연하게 다른 선을 말합니다. 사람들이 어떻게 선하다는 말을 함부로 입에 올릴 수 있겠습니까? 하나님의 선은 사람의 자기중심적이고 이기적이며 위선적이고 욕심 많은 선과는 너무나 다른 선입니다. 아무리 사람들이 선을 이야기하고 토론하고 배우고 닮으려 해도 도무지 비교조차 할 수 없는 것이 하나님의 선입니다. 하나님의 선을 달리 표현하면 이렇습니다. 인자와 사랑과 은혜와 긍휼과 관용입니다.

"주는 선하사 사죄하기를 즐거워하며 주께 부르짖는 자에게 인자함이 후하심이니이다"(시 86:5).

"여호와는 선하시니 그의 인자하심이 영원하고"(시 100:5).

"나는 선한 목자라"(요 10:11, 14).

"하나님께서 지으신 모든 것이 선하매 감사함으로 받으면 버릴 것이 없나니"(딤전 4:4).

성경은 하나님이 선하신 것처럼 율법도 선하다고 말씀합니다. 따라서 율법은 죄가 될 수 없습니다.

율법이 죄의 심각성을 알게 했다는 말씀입니다.

"그런즉 선한 것이 내게 사망이 되었느냐 그럴 수 없느니라 오직 죄가 죄로 드러나기 위하여 선한 그것으로 말미암아 나를 죽게 만들었으니 이는 계명으로 말미암아 죄로 심히 죄 되게 하려 함이라"(롬 7:13).

율법의 또 다른 특징은 무엇일까요? 죄를 드러내고, 죄를 밝히는 분명한 기준이라는 점입니다. 율법이 없다면 죄를 죄라고 말할 수도 없고, 죄를 죄라고 지적할 수도 없습니다. 죄에 대한 판단 기준이 없기에 혼란스러워집니다. 무엇이 죄인지 알 수 없기 때문입니다. 이렇게 율법은 죄의 심각성을 알려주는 도구로 쓰였습니다. 따라서 사도 바울은 율법이 죄가 아니라고 말씀합니다(7절). 율법이 죄가 될 수 없다고 말씀합니다(12절).

　그럼에도 불구하고 죽음이 여전히 존재한다는 것이 안타까운 현실입니다. 죽음이라는 무서운 존재가 여전히 이 세상에서 강력하게 힘을 발휘하고 있고, 인간을 두렵게 하는 것이 현실적인 상황입니다. 이것은 인간이 율법 때문에 죽음에 처하는 것이 아니라 죄가 인간을 죽음에 이르게 했다는 말씀입니다. 한마디로 죄가 문제라는 것입니다. 죄가 원인이라는 것입니다. 성경은 죽음의 결정적 이유가 죄라고 못 박습니다. "죄가 기회를 타서 계명으로 말미암아 나를 속이고 그것으로 나를 죽였는지라"(롬 7:11). 그렇다면 하나님께서는 왜 율법을 통하여 죄의 심각성을 알게 하셨을까요?

1) 오직 죄가 죄로 구체적으로 드러나게 하기 위해서였습니다.

　"오직 죄가 죄로 드러나기 위하여 선한 그것으로 말미암아"(롬 7:13중). 이것은 율법이 죄의 실상을 드러내기 위하여 쓰였다는 말씀입니다. 죄의 모습을 밝혀내기 위하여 활용되었다는 말씀입니다. 죄가 죄로 나타나게 하기 위하여 역할을 했다는 말씀입니다. 선한 율법이 죄를 죄라고 드러내고 알려줬다는 것은 인간의 입장에서는 기회입니다. 죄인인 인간에게는 불편하고 기분 나쁠지 모르지만, 한편으로는 선명한 기준이 있기에 범죄를 조심할 수 있는 계기가 되기도 합니다. 죄에 대해 가르쳐 주고 가야 할 방향을 제시한다는 것은 긍정적인 일입니다. "율법으로 말미암지 않고는 내가 죄를 알지 못하였으니 곧 율법이 탐내지 말라 하지 아니하였더라면 내가 탐심을 알지 못하였으리라"(롬 7:7).

2) 죄로 심히 죄 되게 하기 위해서였습니다.

"이는 계명으로 말미암아 죄로 심히 죄 되게 하려 함이라"(롬 7:13하). 율법은 선명하고 분명한 색깔이 있습니다. 어정쩡한 색깔이 아니라 보면 볼수록 정확한 모습으로 다가오는 색깔이 있습니다. 분명한 색깔이 있기에 많은 사람에게 불편할 수 있지만 오히려 그러한 분명한 색깔 때문에 경각심을 갖게 되는 효과가 있습니다. 이러한 율법이 사람들에게 각인되는 것은 또 다른 측면에서 긍정적입니다. 분명한 색깔로 볼 때 율법은 죄로 하여금 심히 죄 됨을 드러나게 합니다. 밝혀지게 합니다. 알려지게 합니다. 더불어 율법은 죄의 힘을 보여 줍니다. 죄의 심각성을 보여 줍니다. 죄의 무서움을 보여 줍니다. "죄가 율법 있기 전에도 세상에 있었으나 율법이 없었을 때에는 죄를 죄로 여기지 아니하였느니라"(롬 5:13).

율법은 신령하다는 말씀입니다.

"우리가 율법은 신령한 줄 알거니와"(롬 7:14).

율법은 영적인 말씀입니다. 세상에 존재하고 있는 세상 법과는 당연히 구별됩니다. 하나님께서 율법을 모세를 통해 이 세상 사람들에게 주셨으므로 율법은 당연히 신령할 수밖에 없습니다. 율법이 있었기에 죄의 무서움을 알고 회개하게 되었습니다. 율법이 있었기에 믿음으로 구원받는다는 것이 얼마나 소중한 것인지 알게 되었습니다. 율법이 있었기에 예수 그리스도의 십자가 대속의 사건이 은혜 중에 은혜임을 피부로 절감하게 되었습니다. 율법이 있었기에 그리스도인이 되었음을 생각하면 할수록 너무나 큰 복임을 실감하게 되었습니다. 율법이 있었기에 천국에서의 영원한 삶(영생)이 얼마나 영광스러운지 알게 되었습니다.

이러한 신령한 율법을 알게 되었다는 것이 얼마나 감사하고 얼마나 다행스러운 일인지 알 수 없습니다. 신령한 율법을 몰랐다면 그렇지 않아도 형편없는 삶을 살고 있는데 얼마나 더 형편없는 삶을 살았을까를 생각하니 가슴이 먹먹해집니다. "여호와께서 모세에게 이르시되 너는 산에 올라 내게로 와서 거기 있으라 네가 그들을 가르치도록 내가 율법과 계명을 친히 기록한 돌판을 네게 주리라"(출 24:12).

율법은 하나님께서 모세를 통해 인간에게 주신 도덕법, 의식법, 시민법을 말합니다. 계명은 십계명을 말합니다. "이것은 여호와께서 시내산에서 이스라엘 자손을 위하여 모세에게 명령하신 계명이라"(레 27:34), "그때에 여호와께서 내게 명령하사 너희에게 규례와 법도를 교훈하게 하셨나니"(신 4:14).

사도 바울은 율법이 신령하다는 것을 강조합니다. 의미 있는 말씀이 아닐 수 없습니다. 자세히 살펴보면 선견지명이 있는 놀라운 말씀입니다. "생명에 이르게 할 그 계명이"(롬 7:10), "이로 보건대 율법은 거룩하고 계명도 거룩하고 의로우며 선하도다"(롬 7:12).

율법이 신령한 것은(영적인 것은) 하나님이 주셨기 때문입니다. 하나님의 말씀이기 때문입니다. 하나님의 뜻이 담겨있기 때문입니다. 율법이 신령하다는 것을 안다는 것은 또 다른 차원에서 귀한 일입니다. 이것을 잊지 말아야 합니다. 다만 하나님께서 준비하셨으며, 하나님께서 선포하신 것이기에 순종하여 잘 따라 행동했다면 정말 좋을 뻔했는데 그렇게 살지 못하는 것이 너무나 아쉬울 뿐입니다. 그렇게 살 수 없는 우리의 처지가 안타까울 따름입니다. 인간의 연약함과 부족함, 그리고 보잘것없음이 이를 증명합니다. 신령한 율법이 있음에도 불구하고 신령한 율법을 제대로 지킬 수 없는 우리의 현실이 몹시 부끄러울 뿐입니다. 이처럼 신령한 율법을 사람들이 지킬 수 없다는 것을 너무나 잘 아셨기에 이를 해결하기 위해 성자 하나님 되신 예수 그리스도께서 이 땅에 오신 것이 아니겠습니까?

어느 시대에나 인간이 살아가는 세상 속에서 문제에 직면하지 않았던 때는 없었습니다. 오늘날 우리 역시 온갖 문제의 시대에 살고 있습니다. 문제가 너무 많아 어떻게 감당해야 할지 하루하루 극도로 긴장하며 살아가고 있는 것이 현대인의 실정입니다. 현대를 살아가는 인간은 정신이 혼미할 정도로 가지가지의 문제를 만나고 경험합니다. 빈곤과 질병, 바이러스, 환경 재해, 기후 위기, 자연 파괴, 정치적 혼란, 각종 사건사고, 분쟁, 나라 간 전쟁, 계층 간의 갈등, 자살, 출산율 저하, 지나친 생존경쟁, 과도한 사교육, 사기, 속임수 등등. 이런 여러 가지 문제들이 바로 이 시대 우리가 직면한 문제입니다. 그렇다면 왜 이런 문제들이 발생하는 것일까요? 무엇이 문제일까요? 한마디로 '죄 때문'입니다.

'범죄도시'라는 영화가 있습니다. 인간의 범죄를 사정없이 드러내고 인간의 범죄를 아낌없이 보여주는 영화입니다. 범죄가 이런 것이라고 선명하게 알려주고 조명하는 범죄에 대한 내용입니다. 범죄의 폭력성과 험악함을 가감 없이 노출하는 장면들을 볼 때마다 '이런 것이 인간의 죄악된 모습이구나. 인간이 이런 존재밖에 되지 않는구나.'하는 자괴감을 느끼게 하는 영화입니다. 거기에 등장하는 인물들은 하나같이 죄에 대해 무감각한 것처럼 행동합니다. 죄가 얼마나 무서운지에 대해 전혀 관심 없는 것처럼 활동합니다. 이러한 종류의 다양한 영화들을 접하면서 느끼는 감정은 인간에 대한 절망입니다. 인간에 대한 좌절입니다. 죄악으로 가득한 인간의 처절한 범죄의 본능입니다. 그나마 세상에서 지켜야 할 세상 법이 존재하기에 다행이지 법 없는 세상을 생각하면 아찔할 뿐입니다.

죄가 삶을 힘들게 하고, 죄가 가정을 위협하고 파괴하며, 죄가 사회를 혼란스럽게 하고 있습니다. 또한 죄가 시대를 곤경에 빠뜨리고, 죄가 문제를 계속 양산하고 있습니다. 상대적으로 오늘날의 세상을 바라보면 누가 먼저 가장 죄를 잘 짓나 부추기는 것처럼 온통 죄악으로 가득합니다. 따라서 너무 많은 죄가 활동하고, 죄가 너무 많이 창궐하는 이런 문화와 시대가 혼란스러운 것은 지극히 당연합니다. 무엇이 죄 된 일인지조차 구별하기 어려운 부패한 시대가 되어 버렸습니다. 통탄할 일이 아닐 수 없습니다. 이렇게 죄 된 세상에서 죄가 문제라면 율법과 죄를 어떻게 이해해야 할까요? 문제는 죄에 있지 율법에 있지 않다는 것입니다. 또한 죄가 하나님의 율법을 이용하고 있다는 것입니다. 따라서 율법은 죄짓고 살면 죽을 수밖에 없음을 가르쳐 줍니다. 죄가 문제입니다. 죄인인 내가 문제입니다.

"

아무리 사람들이 선을 이야기하고 토론하고 배우고
닮으려 해도 도무지 비교조차 할 수 없는 것이
하나님의 선입니다.
하나님의 선을 달리 표현하면 이렇습니다.
인자와 사랑과 은혜와 긍휼과 관용입니다.

"

"내가 행하는 것을 내가 알지 못하노니 곧 내가 원하는 것은
행하지 아니하고 도리어 미워하는 것을 행함이라
만일 내가 원하지 아니하는 그것을 행하면 내가 이로써
율법이 선한 것을 시인하노니 이제는 그것을 행하는 자가
내가 아니요 내 속에 거하는 죄니라
내 속 곧 내 육신에 선한 것이 거하지 아니하는 줄을 아노니
원함은 내게 있으나 선을 행하는 것은 없노라 내가 원하는 바
선은 행하지 아니하고 도리어 원하지 아니하는 바 악을 행하는도다
만일 내가 원하지 아니하는 그것을 하면 이를 행하는 자는
내가 아니요 내 속에 거하는 죄니라 그러므로
내가 한 법을 깨달았노니 곧 선을 행하기 원하는 나에게 악이
함께 있는 것이로다 내 속사람으로는 하나님의 법을 즐거워하되
내 지체 속에서 한 다른 법이 내 마음의 법과 싸워
내 지체 속에 있는 죄의 법으로 나를 사로잡는 것을 보는도다
오호라 나는 곤고한 사람이로다 이 사망의 몸에서
누가 나를 건져내랴 우리 주 예수 그리스도로 말미암아
하나님께 감사하리로다 그런즉 내 자신이 마음으로는
하나님의 법을 육신으로는 죄의 법을 섬기노라."

– 롬 7:15~25

8장

갈등

사람들은 수많은 관계 속에서 수많은 갈등을 안고 살아갑니다. 특별히 사람들이 모여 사는 이 사회는 수많은 갈등으로 얽혀 만들어지는 공동체인 것 같습니다. 갈등 없는 공동체가 있다면 얼마나 좋겠습니까마는 이 세상에는 그런 갈등 없는 공동체는 존재하지 않습니다. 직장에서의 갈등, 가정에서의 갈등, 인간관계에서의 갈등, 의(衣), 식(食), 주(住) 문제에서 생기는 갈등, 성공에 대한 갈등, 나라와 나라 간의 갈등 등 참으로 많은 갈등이 있습니다.

이솝 우화에 '요술쟁이와 생쥐'라는 이야기가 있습니다. 생쥐 한 마리가 요술쟁이의 집에 살았습니다. 그런데 그 집에는 고양이가 있었기 때문에 생쥐는 무서워서 살 수가 없었습니다. 요술쟁이는 생쥐를 불쌍히 여겨 생쥐를 고양이 모양으로 만들어 주었습니다. 그랬더니 이 생쥐는 이제는 개를 무서워했습니다. 그래서 요술쟁이는 생쥐를 개 모양으로 다시 만들어 주었습니다. 그런데 이번에는 호랑이가 무섭다고 했습니다. 마침내 실망한 요술쟁이는 이렇게 말했습니다. "너는 겉모양만 바뀌었지 속은 언제나 생쥐의 마음이니 가망이 없구나. 다시 생쥐가 되어라." 생쥐는 계속 다른 모습으로 변해가고 발전했음에도 불구하고 갈등만 계속하다가 결국 볼 일 없는 생쥐로 되돌아갔다는 슬픈 이야기입니다.

마찬가지로 그리스도인에게도 갈등은 있습니다. 갈등 없는 그리스도인은 아무도 없을 것입니다. 선과 악에 대한 갈등, 빛과 어두움에 대한 갈등, 승리와 좌절에 대한 갈등, 기쁨과 아픔에 대한 갈등, 신앙과 불신앙에 대한 갈등 등입니다. 하지만 이런 갈등들은 그리스도인에게 있어 반드시 넘어야 할 갈등입니다. 마땅히 정면 돌파해야 할 갈등입니다. 확실하게 믿음이 견고해질 수 있는 갈등입니다. 그리스도인에게 갈등이 없을 수는 없으나 이 갈등들은 믿음의 삶에 있어 더 큰 믿음으로 확장하는 데 한몫을 할 수 있는 갈등이어야 합니다. 본문에서 말씀하는 그리스도인의 갈등은 무엇일까요?

원하는 것은 행하지 않고, 원하지 않는 것을 행하는 갈등입니다.

"내가 행하는 것을 내가 알지 못하노니 곧 내가 원하는 것은 행하지 아니하고 도리어 미워하는 것을 행함이라"(롬 7:15).

"내 속 곧 내 육신에 선한 것이 거하지 아니하는 줄을 아노니 원함은 내게 있으나 선을 행하는 것은 없노라"(롬 7:18).

"내가 원하는 바 선은 행하지 아니하고 도리어 원하지 아니하는 바 악을 행하는도다"(롬 7:19).

이러한 현상은 그리스도인들에게 자연스럽게 주어지는 갈등입니다. 그리스도인이기에 느끼는 갈등입니다. 그리스도인들만이 느끼는 갈등입니다. 왜냐하면 그리스도인은 구원받은 존재가 되었기 때문입니다. 거듭난 존재가 되었기 때문입니다. 구별된 존재가 되었기 때문입니다. 좀 더 구체적으로 살펴보면 예배에 참여하지 못하면 갈등이 생깁니다. 십일조나 감사헌금을 제대로 못하면 갈등이 생깁니다. 기도를 소홀히 하면 갈등이 생깁니다. 말씀을 읽고 듣지 못하면 갈등이 생깁니다. 하나님께 영광을 돌리지 못하면 갈등이 생깁니다. 이러한 갈등은 그리스도인의 영적 갈등입니다. 의로운 갈등입니다. 하나님 앞에서의 갈등입니다.

불신자들에게는 이런 갈등이 조금도 없습니다. 일말의 양심적 갈등은 있을지 모르지만 그리스도인과 같은 영적 갈등, 의로운 갈등, 하나님 앞에서의 갈등은 전무합니다. 이처럼 그리스도인의 갈등은 불신자들이 갈등하는 것과는 근본적으로 다른 갈등이라는 것을 알 수 있습니다. 생각이 다르고, 느낌이 다르며, 보는 시각이 다른 갈등입니다. 그리스도인들이 이렇게 갈등하는 이유는 아담과 하와가 최초로 하나님 앞에서 범죄 한 이래로 끊임없이 부패하고 타락한 죄악된 본능의 지배를 지금까지 받고 있기 때문입니다. 너무나 무서운 갈등이자 사람의 힘으로는 극복하기 너무나 어려운 갈등입니다.

그러므로 분명하게 알아야 하는 것이 있습니다. 그리스도인들이 믿음으로 구원받아 하나님의 백성이 된 것은 사실입니다. 하지만 죄악된 타락의 모습을 본능적으로 갖고 있기에 경각심을 가져야 하는 것도 엄연한 사실입니다. 그리스도인이라고 하지만 여전히 연약한 육신을 입고 이 땅 위에서 살아가고 있는 이상 완전하게 100% 죄를 이긴 것은 아니므로 끊임없이 죄와 싸워야 한다는 것을 깨달아야 한다는 말입니다. 원하는 것을 행하지 않고, 원하지 않는 것을 행하는 것은 육신이 약하기 때문입니다.

"돌아오사 제자들이 자는 것을 보시고 베드로에게 말씀하시되 시몬아 자느냐 네가 한 시간도 깨어 있을 수 없더냐 시험에 들지 않게 깨어 있어 기도하라 마음에는 원이로되 육신이 약하도다 하시고"(막 14:37~38).

한 마음에 두 개의 법이 충돌해서 일어나는 갈등입니다.

"이제는 그것을 행하는 자가 내가 아니요 내 속에 거하는 죄니라"(롬 7:17).

"만일 내가 원하지 아니하는 그것을 하면 이를 행하는 자는 내가 아니요 내 속에 거하는 죄니라"(롬 7:20).

"그런즉 내 자신이 마음으로는 하나님의 법을 육신으로는 죄의 법을 섬기노라"(롬 7:25).

위 본문은 그리스도인의 마음속에 두 개의 또 다른 '나'가 있음을 말해 줍니다. 이것은 옛사람과 새사람, 악한 마음과 선한 마음, 육체의 소욕과 성령의 소욕, 죄인과 의인, 죄의 법과 하나님의 법 등입니다. 그리스도인에게 날이면 날마다 이 두 마음이 갈등을 일으키고 있으니 얼마나 힘들고, 괴로우며, 고통스럽겠습니까? 그리스도인이라면 누구나 겪고 있는 이러한 현실을 사도 바울은 본문을 통해 현장감 있게 소개하고 있습니다. 그럼에도 불구하고 분명한 사실은 그리스도인은 상습적으로, 습관적으로, 계속해서 범죄 하지는 않는다는 것입니다.

"그 안에 거하는 자마다 범죄하지 아니하나니 범죄하는 자마다 그를 보지도 못하였고 그를 알지도 못하였느니라"(요일 3:6).

"하나님께로부터 난 자는 다 범죄하지 아니하는 줄을 우리가 아노라"(요일 5:18).

사도 요한이 언급한 "범죄하지 아니하나니" 혹은 "범죄하지 아니하는 줄을"이라는 말에 관심을 기울일 필요가 있습니다. 이 말씀은 구원받은 그리스도인이라면 내 의지적으로 죄짓고 또 죄짓는 일은 있을 수 없다는 말입니다. 진정으로 그리스도인이 되었다면 상습적인 범죄는 일어날 수 없다는 말입니다. 그렇다면 문제는 무엇일까요? 사도 바울은 우리 마음에 두 개의 법이 충돌하고 있다고 말하고, 사도 요한은 그리스도인은 계속해서, 상습적으로, 습관적으로 범죄할 수 없는 존재라고 말합니다.

그렇다면 사도 바울과 사도 요한이 서로 다른 주장을 하고 있는 것입니까? 전혀 상관없는 동떨어진 별개의 말씀을 하고 있는 것입니까? 아닙니다. 잘못된 말씀이 아닙니다. 우리가 육신을 입고 있는 한 죄가 조금만 틈을 타도 아주 쉽게 넘어질 수밖에 없는 연약성을 갖고 있음을 강조하기 위해 이 말씀을 하고 있는 것입니다. 우리가 얼마나 부족한 존재인지를 분명하게 밝히고 있는 말씀입니다. 한편으로는 우리의 한계를 분명하게 보여주는 말씀이기도 합니다. 조금 더 생각해 보면 경각심을 가져야 할 말씀이기도 합니다. 이러한 갈등에 대해 보다 적극적으로 자세하게 말씀하고 있는 장면이 있습니다. 아래의 말씀은 이것이 그리스도인의 현실임을 보여줍니다.

"육체의 소욕은 성령을 거스르고 성령은 육체를 거스르나니 이 둘이 서로 대적함으로 너희가 원하는 것을 하지 못하게 하려 함이니라"(갈 5:17).

범죄 때문에 생기는 갈등입니다.

"그러므로 내가 한 법을 깨달았노니 곧 선을 행하기 원하는 나에게 악이 함께 있는 것이로다 내 속사람으로는 하나님의 법을 즐거워하되 내 지체 속에서 한 다른 법이 내 마음의 법과 싸워 내 지체 속에 있는 죄의 법으로 나를 사로잡는 것을 보는도다 오호라 나는 곤고한 사람이로다 이 사망의 몸에서 누가 나를 건져내랴"(롬 7:21~24).

그리스도인은 믿음으로 구원받은 사람입니다. 구원받은 사람이기에 죄와는 전혀 상관없는 사람이라고 여긴다면 크게 잘못된 생각입니다. 구원받은 그리스도인이라 할지라도 본능적으로 나타나는 죄 때문에 쉽게 넘어지는 경우가 허다합니다. 이러한 일들이 생기는 원인은 한편으로는 하나님의 법이 다스리고 있지만 다른 한편으로는 죄의 법이 왕성하게 활동하고 있기 때문입니다. 이처럼 너무나 어렵고 힘든 여정이 그리스도인이 당면한 삶의 현실입니다. 이러한 현실을 사도 바울은 적나라하게 표현하고 있는 것입니다.

우리는 구원받은 그리스도인으로 살아가고 있지만 죄 가운데 자주 넘어집니다. 쉽게 죄에 빠져듭니다. 자신도 모르게 죄를 저지릅니다. 심각한 갈등이 아닐 수 없습니다. 왜 영적인 좌절의 쓴맛을 맛보아야 합니까? 왜 구원받은 그리스도인으로서 절망의 쓰라림을 경험해야 합니까? 현실 속에서 기도 많이 하는 사람도 범죄할 수 있습니다. 삶 속에서 성경을 많이 알고 있는 사람도 범죄할 수 있습니다. 믿음 속에서 신앙생활을 오래 한 사람도 범죄할 수 있습니다. 그러므로 대다수 그리스도인은 범죄 때문에 가슴 아파하고, 괴로워하며, 심각하게 갈등합니다. 이러한 현실은 무엇을 위한 것입니까?

1) 그리스도인들을 좀 더 연단하기 위함입니다.

"많은 사람이 연단을 받아 스스로 정결하게 하며 희게 할 것이나"(단 12:10).

2) 그리스도인들이 알곡인지 쭉정이인지(진짜인지 가짜인지) 가려내기 위함입니다.

"알곡은 모아 곳간에 들이고 쭉정이는 꺼지지 않는 불에 태우시리라"(마 3:12).

범죄 때문에 갈등이 생기면 진짜 그리스도인은 회개하고 고통스러워합니다. 가책을 느끼며 통곡합니다. 자신의 한계를 절감하며 한숨과 함께 몹시 힘들어합니다. 이것이 그리스도인의 모습입니다. 누구나 할 것 없이 그리스도인이라면 경험하는 삶의 현실입니다. 사도 바울도 이러한 경험이 있었습니다. 하나님 앞에서, 주 안에서 인간적인 한계로 인해 괴로워했습니다. 절망하며 한탄했습니다. 그래서 자신을 불행한 사람, 비참한 사람, 슬픈 사람이라고 말합니다. 사도 바울이 절규하며 고백하는 모습을 들어 보십시오.

"오호라 나는 곤고한 사람이로다 이 사망의 몸에서 누가 나를 건져내랴"(롬 7:24).

갈등 없는 세상, 갈등 없는 삶은 어디 없을까요? 진지하게 묻고 싶습니다. 그러한 세상이 있었으면 얼마나 좋을까요? 어디에나 도 사리고 있는 갈등을 어찌해야 할까요? 세상 속에서도 엄청난 갈등 이 수없이 많듯이 그리스도인에게도 수많은 갈등이 있습니다. 첫 째, 원하는 것을 행하지 않고 원하지 않는 것을 행하는 갈등입니다. 즉 예배, 헌신, 기도, 말씀, 하나님을 향한 영광 등을 소홀히 하는 것입니다. 하나님이 원하는 것인데 말입니다. 둘째, 한 마음에 두 개의 법이 충돌해서 일어나는 갈등입니다. 즉 옛사람과 새사람, 악 한 마음과 선한 마음, 죄인과 의인, 육체의 소욕과 성령의 소욕, 죄 의 법과 하나님의 법 등을 말합니다. 셋째, 범죄 때문에 생기는 갈 등입니다. 즉 미움과 다툼과 방탕과 불친절과 불성실과 욕심과 영 적 감각 상실 등을 말합니다.

그럼에도 불구하고 나를 구원하시기 위해 친히 이 땅 위에 오셔 서 피 흘려 죽으신 예수 그리스도의 은혜가 있기에 이 많은 갈등 에도 불구하고 감사할 수 있어 얼마나 복된 일인지 알 수 없습니 다. 예수 그리스도의 은혜, 그 무한한 값진 은혜가 있기에 우리는 오늘도 구원받은 그리스도인으로 살아갑니다. 부족하고 연약함에 도 불구하고 그리스도인으로 살아갑니다. 그러므로 그리스도인이라면 사도 바울의 고백처럼 마음을 다해 감격하며 이렇게 고백할 것입니다.

"우리 주 예수 그리스도로 말미암아 하나님께 감사하리로다"(롬 7:25).

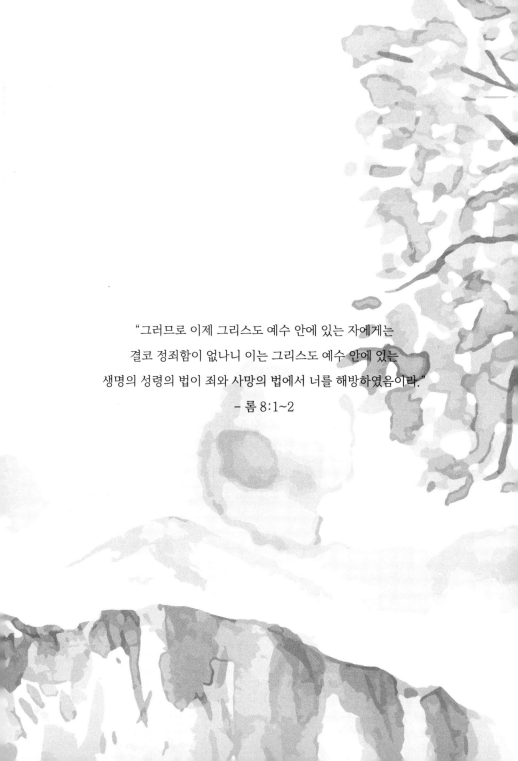

"그러므로 이제 그리스도 예수 안에 있는 자에게는
결코 정죄함이 없나니 이는 그리스도 예수 안에 있는
생명의 성령의 법이 죄와 사망의 법에서 너를 해방하였음이라."

– 롬 8:1~2

9장

위대한 결론

네덜란드의 유명한 화가 렘브란트는 많은 자화상을 남긴 것으로 유명합니다. 그는 자신의 여러 작품 속에 자기 얼굴을 그려 넣었습니다. '순교자 스데반'에서는 스데반을 향해 돌을 던지는 성난 군중 가운데 한 사람으로 자신을 그렸습니다. '빌라도의 법정'에서는 예수를 십자가에 못 박으라고 고함치던 유대인 패거리의 한 사람으로 자신을 표현했습니다. '돌아온 탕자'라는 작품에서는 자신의 얼굴을 탕자의 모습으로 남겼습니다. 이런 그림을 볼 때 렘브란트는 그림 속에서 이렇게 외치고 있는 것입니다. "나도 그때 거기 있었어요. 나도 그때 그런 못된 짓을 했어요. 나도 그때 그렇게 어리석고 한심한 사람이었어요."

렘브란트는 그림을 통해 복음을 부정하던 살인자의 부끄러움으로 주님께 다가가고자 했던 것입니다. 예수님을 십자가에 못 박은 죄인의 심정으로 주님께 다가가고자 했던 것입니다. 아버지를 등지고 집을 나간 둘째 아들의 마음으로 주님께 다가가고자 했던 것입니다.

구원받은 그리스도인이라고 해서 어찌 갈등과 고통이 없겠습니까? 어찌 죄와 부끄러움이 없겠습니까? 육신을 입고 있는 한 아무리 믿음으로 구원받았다 할지라도 아픔이 있고 한숨이 있습니다. 좌절이 있고 상처가 있습니다. 범죄가 있고 질병이 있습니다. 우리가 살아있는 한 이러한 일들을 끊임없이 겪게 될 것입니다. 그렇기에 우리 그리스도인들도 사도 바울처럼 이렇게 고백할 수밖에 없는 것입니다.

"그러므로 내가 한 법을 깨달았노니 곧 선을 행하기 원하는 나에게 악이 함께 있는 것이로다"(롬 7:21).

"오호라 나는 곤고한 사람이로다 이 사망의 몸에서 누가 나를 건져내랴"(롬 7:24).

이런 가운데서도 귀한 믿음의 삶을 우리 그리스도인들이 살 수 있는 방법은 없을까요? 성경은 있다고 말씀하고 있습니다. 결코 쉬운 방법은 아니지만 이 방법을 점검할 필요가 있습니다. 그것은 무엇일까요?

자기 자신을 부인하고 자기 십자가를 지고 가면 된다고 말씀합니다.

"무리와 제자들을 불러 이르시되 누구든지 나를 따라오려거든 자기를 부
인하고 십자가를 지고 나를 따를 것이니라"(막 8:34).

자기 부인은 자기 육신의 욕심인 성공, 명예, 물질, 탐욕 등을 부
인하는 것을 말합니다. 자기 부인이 없으면 인간적으로는 부요하
게 보일지 모르지만, 그 사람은 신앙적으로는 불쌍한 사람입니다.

자기 십자가는 자신이 짊어져야 할 분량인 환경, 처지, 상황 등을
기꺼이 자신이 감수해야 한다는 의미입니다. 정녕 십자가를 모르
면 신앙을 모르는 것입니다. 신앙은 십자가를 제대로 아는 것입니
다. 십자가를 바로 알 때 부활도 알게 됩니다.

날마다 죽으면 된다고 말씀합니다.

"형제들아 내가 그리스도 예수 우리 주 안에서 가진 바 너희에 대한 나의
자랑을 두고 선언하노니 나는 날마다 죽노라"(고전 15:31).

이 말씀은 육신의 옛 습관들을 날마다 죽여야 한다는 말씀입니
다. 인간적인 욕망과 갈등을 없애야 한다는 말씀입니다. 매일매일
자신을 쳐서 복종시켜야 한다는 말씀입니다. 사도 바울은 간담이

서늘할 정도로 이렇게 말씀하고 있습니다.

"내가 내 몸을 쳐 복종하게 함은 내가 남에게 전파한 후에 자신이 도리어
버림을 당할까 두려워함이로다"(고전 9:27).

주 안에서 죽었다고 생각하면 됩니다. 죽으면 말이 없습니다. 갈
등도 없습니다. 고통도 없습니다.

연약한 것을 인정하면 된다고 말씀합니다.

"그런즉 내 자신이 마음으로는 하나님의 법을 육신으로는 죄의 법을 섬
기노라"(롬 7:25).

그리스도인들도 인간인지라 말에서, 행동에서, 삶의 자리에서 실
수할 수 있습니다. 잘못할 수 있습니다. 범죄할 수 있습니다. 그리
스도인이 되었다고 할지라도 완벽할 수 없다는 말입니다. 이럴 때
어떻게 해야 할까요? 회개하면 됩니다. 바르게 살겠다고 결단하면
됩니다. 인정할 것은 인정하면 됩니다. 따라서 우리 그리스도인들
은 인간의 연약함과 부족함 그리고 불완전함을 인정해야 합니다.

그리스도인들은 이렇게 자기를 부인하고, 자기 십자가를 지고 날
마다 죽으며, 연약한 것을 인정하며 신앙생활을 하는 사람들입니

다. 이런 그리스도인들이 더욱더 귀하게 가정생활을 하고, 직장생활을 한다면 기쁨과 감사가 차고 넘칠 것입니다. 은혜가 상상을 초월할 정도로 풍성할 것입니다. 이런 사람들을 가리켜 구원받은 사람이라고 말하고, 다시 태어난 거듭난 사람이라고 말하며, 천국 백성이라고 말하는 것입니다.

오늘 본문은 이렇게 믿음으로 구원받은 사람들을 향해 위대한 결론 두 가지를 선언합니다. 이 위대한 결론 두 가지는 지금까지 살펴본 로마서 1장에서부터 7장까지의 결론입니다. 로마서 1장에서 7장까지의 핵심은 가장 먼저 모두가 죄인이라는 것입니다. 다음으로 믿음으로 살아야 한다는 것입니다. 지구촌교회 원로 이동원 목사는 '쉽게 풀어 쓴 로마서 이야기'를 통해 한 신학자의 말을 이렇게 소개합니다.

"우리가 성경을 한 보석반지에 비교할 수 있다면 성경 중에서도 로마서는 그 보석의 중앙 부분에 해당될 수가 있다. 그중에서 로마서 8장은 보석 중의 가장 빛나는 부분에 해당된다."

특별히 본문 롬 8:1~2절 말씀은 성경의 위대한 말씀 가운데 하나입니다. 그리스도인들에게 가장 중요한 말씀입니다. 건강하고 복된 신앙생활을 위해서 반드시 필요한 말씀입니다. 엄청나게 복된 소식입니다. 인간이 타락한 이래 가장 위대한 가능성을 제시해 주는 말씀입니다. 기독교 복음의 핵심입니다. 로마서 8장 전체의 주제이기도 합니다. 그렇다면 위대한 결론 두 가지는 무엇일까요?

그리스도인에게는 결코 정죄함(형벌)이 없다는 것입니다.

"그러므로 이제 그리스도 예수 안에 있는 자에게는 결코 정죄함이 없나니"(롬 8:1).

아무리 생각해봐도 이 말씀은 놀라운 말씀입니다. 어마어마한 말씀입니다. 감격스러운 말씀입니다. "그리스도 예수 안에 있는 자에게는" 다시 말해 예수 그리스도 안에서 살고, 예수 그리스도의 자취를 따르며, 예수 그리스도와 하나 된 그리스도인에게는 결코 정죄함(형벌)이 없다는 것입니다. 심판받지 않는다는 것입니다. 해로움을 당하지 않는다는 것입니다. 하나님께서 죄를 묻지 않겠다는 것입니다. 보호해 주겠다는 것입니다.

참된 그리스도인이라면 과거의 죄, 현재의 죄, 미래의 죄들이 단번에 해결되었다는 말씀입니다. 처리되었다는 말씀입니다. 이제 더 이상 이러한 죄들 때문에 고민하거나 절망하거나 낙심하거나 할 필요가 없다는 것입니다. 그러므로 '그리스도 예수 안에 있는 자', 다시 말해 '그리스도 예수와 함께 사는 사람들'(공동번역)은 하나님의 사랑에서 절대 끊어질 수 없습니다. 진리의 말씀에서 떨어져 나가는 일도 결코 일어날 수 없습니다. 무관심한 가운데 버림받을 일도 결코 없습니다.

'그리스도 예수 안에서'라는 말씀은 신약의 위대한 주제입니다. 특별히 사도 바울 서신의 위대한 주제입니다. 이 표현은 우리가 예수 그리스도에게 연합되었음을(하나 되었음을) 의미합니다.

"너희는 하나님으로부터 나서 예수 안에 있고 예수는 하나님으로부터 나와서 우리에게 지혜와 의로움과 거룩함과 구원함이 되셨으니 기록된바 자랑하는 자는 주 안에서 자랑하라 함과 같게 하려 함이라"(고전 1:30~31).

"그런즉 누구든지 그리스도 안에 있으면 새로운 피조물이라 이전 것은 지나갔으니 보라 새 것이 되었도다"(고후 5:17).

"또 함께 일으키사 그리스도 예수 안에서 함께 하늘에 앉히시니 이는 그리스도 예수 안에서 우리에게 자비하심으로써 그 은혜의 지극히 풍성함을 오는 여러 세대에 나타내려 하심이라"(엡 2:6~7).

"우리는 그가 만드신 바라 그리스도 예수 안에서 선한 일을 위하여 지으심을 받은 자니"(엡 2:10).

"이와 같이 너희도 너희 자신을 죄에 대하여는 죽은 자요 그리스도 예수 안에서 하나님께 대하여는 살아 있는 자로 여길지어다"(롬 6:11).

이러한 말씀들은 너무나 소중한 말씀들입니다. 구원받은 존재로서 그리스도 예수 안에 있는 것보다 더 귀한 것은 없습니다. 더 복된 것은 없습니다. 묻고 싶습니다. 여러분은 정녕 그리스도 예수 안에 있는 사람입니까?

그리스도인은 죄와 사망의 법에서 해방된 사람이라는 것입니다.

"이는 그리스도 예수 안에 있는 생명의 성령의 법이 죄와 사망의 법에서 너를 해방하였음이라"(롬 8:2).

그리스도인은 죄와 사망의 법에서 어떻게 해방되었을까요? 생명의 성령의 법으로 해방되었습니다(롬 7:22, 25). 성령을 좇아 하나님을 기쁘시게 하는 삶을 삶으로써 해방되었습니다(갈 5:16, 25). 그렇다면 죄와 사망의 법을 이길 수 있는 방법은 무엇일까요? 성령의 법이 지배하면 됩니다. 성령이 역사하면 됩니다. 성령의 기름 부으심이 있으면 됩니다. 성령 충만하면 됩니다. 성령 세례를 받으면 됩니다. 성령의 인도가 있으면 됩니다. 그러므로 그리스도인은 생명의 성령의 법과 함께 살아가는 사람입니다. 성령의 능력을 힘입고 살아가는 사람입니다. 성령의 인도를 받아 살아가는 사람입니다. 결단코 성령의 지배를 벗어나서는 살아갈 수 없는 사람입니다. 이처럼 그리스도인이 되었다는 것은 특별한 존재가 되었다는 의미입니다.

본문에서 주의 깊게 살펴보아야 할 말씀은 '해방하였음이라'는 말씀입니다. 이 말씀은 단 한 번에 해방되었다는 뜻입니다. 예수님을 구세주로 믿고 받아들이는 그 한순간에 해방되었다는 말씀입니다. 단 한 번에 해방되었다는 말씀은 구약시대의 사고로는 도저히 이해할 수 없는 말씀입니다. 구약시대의 제사장들은 늘 끊임없이 제사를 거듭 반복해서 하나님께 드렸지만 인간의 죄를 속 시원하게 해결하지 못했습니다. 그런데 예수님은 십자가에서 단 한 번 속죄 제물이 되신 것으로 누구나 어떤 상황에서든지 예수님을 구세주로 믿기만 하면, 정말 그렇게 믿기만 하면 영원히 죄와 사망에서 해방되는 엄청나고도 놀라운 기쁨을 주셨습니다. 그리스도인은 이렇게 죄와 사망에서 해방된 존귀한 사람입니다.

"제사장마다 매일 서서 섬기며 자주 같은 제사를 드리되 이 제사는 언제나 죄를 없게 하지 못하거니와 오직 그리스도는 죄를 위하여 한 영원한 제사를 드리시고 하나님 우편에 앉으사"(히 10:11~12).

"그가 거룩하게 된 자들을 한 번의 제사로 영원히 온전하게 하셨느니라"(히 10:14).

예수 그리스도를 믿음으로 말미암아 구원받은 그리스도인들은 죄에서 해방되었음을 올바로 알아야 합니다. 사망에서 해방되었음을 확실히 알아야 합니다. 여러분은 죄에서 해방되셨습니까? 사망에서 해방되셨습니까?

66

예수 그리스도와 하나 된 그리스도인은
결코 정죄함(형벌)이 없다는 것입니다.
심판받지 않는다는 것입니다.
해로움을 당하지 않는다는 것입니다.
죄를 묻지 않겠다는 것입니다.
보호해 주겠다는 것입니다.

99

"율법이 육신으로 말미암아 연약하여 할 수 없는 그것을 하나님은
하시나니 곧 죄로 말미암아 자기 아들을 죄 있는 육신의 모양으로
보내어 육신에 죄를 정하사 육신을 따르지 않고 그 영을 따라 행하는
우리에게 율법의 요구가 이루어지게 하려 하심이니라."

– 롬 8:3~4

10장

진지한 질문

토머스 에디슨은 어린 시절 너무 어리석어 우둔한 아이라는 평을 들었습니다. 그는 다섯 살 때에는 달걀을 품에 넣고 부화를 시도한 몽상가였습니다. 열세 살 때는 학교에서 퇴학을 당했습니다. 조각가 로댕도 학교 성적은 항상 꼴찌였습니다. 예술 학교 입학을 세 번이나 거부당했습니다. 아인슈타인의 수학 성적은 항상 낙제점이었습니다. 네 살까지 말을 할 줄 몰랐고 일곱 살 때 겨우 책을 읽었습니다. '전쟁과 평화'의 저자인 톨스토이는 대학에서 계속 낙제 점수를 받았습니다. 교수들은 그를 배우기를 포기한 젊은이라고 평가했습니다.

이처럼 세계적인 과학자나 예술가 중에서 어린 시절에 좋지 않은 평가를 받은 사람들이 많습니다. 하지만 그들이 하나같이 꿈꾸는 사람들이었다는 사실만은 분명합니다. 얼마나 재능이 있느냐, 어디 출신이냐, 어느 대학을 나왔느냐, 어느 위치에 있느냐 하는 것보다 더 중요한 것은 꿈이 있느냐 하는 것입니다. 왜냐하면 꿈이 그 인생을 이끌어가기 때문입니다. 꿈이 그 인생을 최종적으로 만들어 가기 때문입니다. 그래서 보지 못하고, 듣지 못하고, 말하지 못했던 헬렌 켈러는 이렇게 말했습니다.

"눈이 있어 보기는 보아도 비전이 없는 사람이 가장 불쌍한 사람이다."

우리 그리스도인들도 꿈꾸는 사람, 목적이 분명한 사람이 되었으면 좋겠습니다. 생각 있는 사람, 진지하게 질문하는 사람이 되었으면 좋겠습니다. 그래서 우리 그리스도인들이 하나같이 이런 마음이면 얼마나 좋을까요?

'믿음으로 귀한 일을 감당해야지'
'마음을 다해 하나님의 귀한 사역에 쓰임 받아야지'
'하나님의 영광을 위해 살아야지'

정녕 믿음으로 구원받은 그리스도인이라면, 확실하게 그리스도 예수 안에 있는 사람이라면, 분명하게 죄와 사망의 법에서 해방되었다면 얼마든지 가능합니다. 그것이 바로 살아 있는 그리스도인입니다. 그렇다면 율법에 대한 진지한 질문이란 무엇일까요?

율법이 할 수 없는 것은 무엇인가 하는 질문입니다.

"율법이 … (중략) … 할 수 없는 그것을"(롬 8:3상).

율법은 분명히 귀한 것입니다. 익히고, 배우고, 힘쓸 만한 것입니다. 유익을 넉넉하게 줍니다. 그러므로 성경을 통해 율법의 많은 장점을 우선적으로 살펴보면 다음과 같습니다.

1) 율법은 죄를 깨닫게 합니다.

"율법으로 말미암지 않고는 내가 죄를 알지 못하였으니 곧 율법이 탐내지 말라 하지 아니하였더라면 내가 탐심을 알지 못하였으리라"(롬 7:7; 3:20).

2) 율법은 생명에 이르게 하는 역할을 감당합니다.

"생명에 이르게 할 그 계명"(롬 7:10).

3) 율법은 죄짓고 살면 죽을 수밖에 없음을 가르쳐 줍니다.

"생명에 이르게 할 그 계명이 내게 대하여 도리어 사망에 이르게 하는 것이 되었도다"(롬 7:10).

4) 율법은 거룩하며 의로우며 선합니다.

"이로 보건대 율법은 거룩하고 계명도 거룩하고 의로우며 선하도다"(롬 7:12).

이런 여러 장점들을 볼 때 율법은 사람들에게 엄청난 유익을 주기 위해서, 올바른 길로 잘 걸어가게 하기 위해서, 확실하면서 분명한 기준을 가르쳐 주기 위해서 하나님께서 전적으로 허락하신 것임을 알 수 있습니다. 하지만 인간은 이렇게 귀하고, 따를 만하고, 장점을 가지고 있는 율법의 선명한 기준을 무지함과 범죄와 타락과 부패와 악한 본성과 어리석음 때문에 지키지 못했습니다. 자기 마음대로 살기 원했고, 무엇이 정말 귀한지 알지 못했습니다. 육신적인 본능에 충실하다 보니 하나님의 율법에 무관심했습니다. 의롭고 선한 것보다 죄악에 더 많은 관심을 갖게 되었습니다.

이런 상황이 현실이 되다 보니 율법의 역할이, 율법의 임무가 오히려 인간의 죄를 폭로하고, 인간의 죄를 지적하는 것이 되어 버렸습니다. 인간의 죄를 여지없이 건드리고, 인간의 죄를 경고하는 것이 되어 버렸습니다. 율법의 많은 장점이 충격적이게도 인간들에게는 많은 단점이 되어 버렸습니다. 분명한 것은 많은 장점이 율법에게 있음에도 불구하고 율법은 범죄자를 의롭게 할 수 없으며, 한 가지의 죄라도 용서해 주지 않으며, 죄인을 구원하지 못한다는 사실입니다.

한마디로 율법은 인간의 구원에 대해 간섭할 수 없게 되었습니다. 인간에게 구원을 베풀 수 없게 되었습니다. 그러므로 불행하게도 율법은 많은 장점이 있음에도 불구하고 인간을 구원할 수 없다는 것입니다.

왜 율법은 구원을 이룰 수 없는가 하는 질문입니다.

"율법이 육신으로 말미암아 연약하여 할 수 없는 그것을"(롬 8:3상).

사도 바울은 예리한 통찰력과 시각으로 정확하게 말합니다. 확실하게 지적합니다. 율법으로는 결단코 인간을 구원할 수 없다고 말입니다. 그것은 율법 때문이 아니라 인간이 갖고 있는 육신의 연약함 때문이라고 언급합니다. 인간의 육신이 얼마나 연약했으면 이런 말을 하겠습니까? 사도 바울은 육신의 연약함을 너무나 잘 알았던 것입니다. 허물어지고, 좌절하며, 죄짓는 한심한 존재라는 사실을 말입니다. "육신으로 말미암아 연약하여."

사도 바울은 결코 율법에 대해 부정적으로 말한 적이 없습니다. 율법에 어떤 문제가 있다고 말하지 않습니다. 율법과 상관없이 살아도 된다고 말하지 않습니다. 율법을 철저하게 배우고, 율법을 따라 살기를 철저하게 다짐했었던 사도 바울이었기에 누구보다도 율법을 잘 알고 있었습니다. 율법의 장점을 잘 알고 있었습니다. 율법의 역할이 무엇인지 잘 알고 있었습니다. 그렇다면 바울은 문제가 누구에게 있다고 말하고 있습니까? 누구에게 약점이 있다고 말하고 있습니까? 사도 바울은 우리 사람에게 문제가 있다고 말합니다. 사람은 아무리 감추려 해도 허물이 너무 많습니다. 사람은 살펴보면 볼수록 부족한 것도 너무 많습니다. 사람은 만족스러울 만큼 신뢰할 존재는 아닙니다. 사람은 죄악으로 얼룩져 있습니다. 따지고 보면 부족하고 연약한 것은 우리 인간이지 율법이 아닙니다.

그런데 한편으로 율법은 대범하게 율법 그 자체로 움직이지 않습니다. 율법 홀로 일하지 않습니다. 율법은 자동적으로 활동하지 않습니다. 율법은 반드시 이렇게 쓰임 받습니다. 인간을 통해 말하고 역사합니다. 인간을 방편으로 해서 일합니다. 인간을 상대하면서 목적을 완수합니다. 율법은 인간이 있기에 율법일 수 있습니다. 인간이 없다면 율법은 율법으로서의 역할과 임무를 감당할 수 없습니다. 문제는 사람에게 있기에 사람을 대상으로 활동하는 율법은 결국 실패할 수밖에 없는 것입니다. 그렇기 때문에 바울은 "육신으로 말미암아 연약하여" 율법이 할 수 없다고 말합니다.

따라서 율법은 사람을 의롭게 할 수 없습니다. 율법을 알면 알수록 부족함만 깨달을 뿐입니다. 한심할 뿐입니다. 도리어 율법으로 인해 두렵고 떨리는 심정으로 살 수밖에 없습니다. 인간의 한계만 발견할 뿐입니다.

율법은 사람을 구원할 수 없습니다. 사람을 통해 일하는 율법이 어떻게 사람을 구원할 수 있겠습니까? 한숨과 탄식만 있을 뿐입니다. 문제 많고, 탈 많고, 허점 많은 육신을 갖고 있는 연약한 우리이기에 우리는 율법의 기준을 충족시킬 수 없습니다. 율법을 온전히 지킬 수 없습니다. 율법을 쉽게 따를 수 없습니다. 그러므로 율법과 구원은 아무런 상관이 없습니다. 율법이 구원에 도움을 줄 수 없습니다. 한마디로 인간을 통해 일하는 율법으로는 구원받을 수 없습니다. 구원은 오직 하나님의 은혜로 가능할 뿐입니다(엡 2:8~9).

하나님은 율법이 할 수 없었던 것을 어떻게 행하셨는가 하는 것입니다.

"하나님은 하시나니 곧 죄로 말미암아 자기 아들을 죄 있는 육신의 모양으로 보내어 육신에 죄를 정하사"(롬 8:3하).

인간을 죄로부터 구원할 수 있는 방법은 무엇입니까? 무엇이 인간을 죄로부터 구원할 수 있습니까? 분명한 것은 율법으로는 구원받을 수 없다는 것입니다. 어떤 뛰어난 성인군자에 의해서도 구원받을 수 없다는 것입니다. 사람의 권모술수로도 구원받을 수 없다는 것입니다. 오직 죄 없으신 예수 그리스도 한분 밖에는 그 어떤 것도 인간을 구원할 수 없습니다. 그분이 바로 죄 있는 육신의 모양으로 이 세상에 오신 예수님이십니다. 온갖 죄를 짊어지시고 십자가에 돌아가신 예수님이십니다.

"자기 아들을 죄 있는 육신의 모양으로 보내어"(롬 8:3).

"말씀이 육신이 되어 우리 가운데 거하시매"(요 1:14).

"때가 차매 하나님이 그 아들을 보내사"(갈 4:4).

"사람의 모양으로 나타나사 자기를 낮추시고 죽기까지 복종하셨으니 곧 십자가에 죽으심이라"(빌 2:8).

사도 바울은 다음과 같이 강력하게 선포했습니다.

"다른 이로써는 구원을 받을 수 없나니 천하 사람 중에 구원을 받을 만한 다른 이름을 우리에게 주신 일이 없음이라 하였더라"(행 4:12).

예수님께서 육신의 몸을 입고 이 땅 위에 오셨기에 구원은 가능해졌습니다. 죄 없으신 예수님께서 "육신에 죄를 정하사" 십자가에 못 박혀 처절하게 죽으심으로 구원의 기회는 열리게 된 것입니다. 구원이 이토록 중요하고, 보배롭고, 빛나고, 아름다운 것은 하나님께서 친히 이 세상에 아기 예수님을, 인간 예수님을, 성자 예수님을 보내주셨기 때문입니다.

"하나님의 사랑이 우리에게 이렇게 나타난 바 되었으니 하나님이 자기의 독생자를 세상에 보내심은 그로 말미암아 우리를 살리려 하심이라 사랑은 여기 있으니 우리 죄를 속하기 위하여 화목제물로 그 아들을 보내셨음이라"(요일 4:9~10).

그러므로 구원은 전적으로 하나님이 하신 것입니다. 하나님이 계획하신 것입니다. 하나님께 속한 것입니다. 하나님만 하실 수 있는 일입니다. 이러한 구원을 받았다면 무한히 진심으로 감사해야 합니다. 하나님의 일꾼 되었다면 마음을 다해 감사해야 합니다. 그리스도인이 되었다면 온몸으로 감사해야 합니다. "하나님은 하시나니", 하나님께서 하셨기 때문입니다.

결론적으로 사도 바울은 다음과 같이 말합니다.

"육신을 따르지 않고 그 영을 따라 행하는 우리에게 율법의 요구가 이루어지게 하려 하심이니라"(롬 7:4).

하나님의 은혜로 구원받은 그리스도인들은 이제 육신의 본능적인 삶을 따르지 않고 성령의 인도를 따라 살아가는 사람이 되었습니다. 물론 구원받았다고 해서 육신의 본능이 사라진 것은 아닙니다. 육신은 타락한 인간 본성을 말하는 것으로서 사도 바울의 처절한 고백을 통해 이것을 분명하게 알 수 있습니다.

"내가 행하는 것을 내가 알지 못하노니 곧 내가 원하는 것은 행하지 아니하고 도리어 미워하는 것을 행함이라"(롬 7:15).

"내 속 곧 내 육신에 선한 것이 거하지 아니하는 줄을 아노니"(롬 7:18).

"그러므로 내가 한 법을 깨달았노니 곧 선을 행하기 원하는 나에게 악이 함께 있는 것이로다"(롬 7:21).

그럼에도 불구하고 구원받은 그리스도인은 하나님의 은혜에 감사하며 하나님의 뜻대로 살기를 추구합니다. 힘쓰고 애씁니다. 그리고 율법의 요구에 응답하며 살아갑니다. 율법의 요구란 '거룩하고 의로운 삶'을 말하는데, 구원받기 전에는 율법의 요구를 감당할 수 없었으나 구원받고 보니 이미 예수님께서 율법의 요구를 만족시키셨기 때문에 그리스도인들도 거룩하고 의로운 삶을 살 수 있습니다. 그리스도인은 '성령의 인도를 따라 살아가는 사람'이기 때문입니다. 이러한 말씀들을 이해할 때 구원에 대한 확신이 생깁니다. 구원에 대한 감격이 차고 넘치게 됩니다. 구원에 대한 기쁨을 감격스럽게 누리게 됩니다. 바라기는 율법에 대한 진지한 질문과 함께 성령의 인도를 따라 귀하고 아름다운 삶을 살 수 있기를 소망합니다.

"육신을 따르는 자는 육신의 일을 영을 따르는 자는 영의 일을
생각하나니 육신의 생각은 사망이요 영의 생각은 생명과 평안이니라
육신의 생각은 하나님과 원수가 되나니 이는 하나님의 법에
굴복하지 아니할 뿐 아니라 할 수도 없음이라 육신에 있는 자들은
하나님을 기쁘시게 할 수 없느니라 만일 너희 속에 하나님의 영이
거하시면 너희가 육신에 있지 아니하고 영에 있나니 누구든지
그리스도의 영이 없으면 그리스도의 사람이 아니라."

– 롬 8:5~9

11장

누구를 따라야 하는가?

어느 스승이 제자들을 데리고 길을 나섰다가 길가에 헌 종이가 떨어져 있는 것을 발견했습니다. 스승은 제자들에게 그 종이를 잡으라고 말했습니다. 제자들이 종이를 잡자 스승이 물었습니다. "무엇에 쓰였던 종이라고 생각하느냐?" 제자들이 답했습니다. "이것은 향을 쌌던 종이입니다. 여전히 향내가 납니다." 또 길을 걸어가는데 끊어진 새끼줄 토막이 땅에 떨어져 있었습니다. 스승이 다시 그것을 잡으라고 말하면서 물었습니다. "그것은 무엇에 쓰였던 새끼줄이냐?" 그러자 제자들은 "새끼줄에서 비린내가 납니다. 생선을 꿰었던 새끼줄 같습니다."라고 말했습니다. 스승은 다시 말했습니다. "사람도 이와 같다. 현명하고 어진 사람을 가까이하면 함께 현명하고 어질 수 있으나 어리석고 사악한 이들 속에 있으면 자신도 모르는 사이에 물이 들 수 있는 것이다. 차츰차츰 물들어 가면서도 사람들은 대부분 깨닫지 못한다."

종이는 분명 향 자체가 아닙니다. 새끼줄도 물론 생선이 될 수 없습니다. 그러나 향을 쌌던 종이와 생선을 꿰었던 새끼줄은 그 향과 냄새를 쉽게 지울 수 없습니다. 내가 지금 어디에 서 있는지, 내 옆에서 나와 같이 가고 있는 사람은 어떤 사람인지 확인해야 하는 이유가 여기에 있습니다. 내가 어리석고 사악한 사람과 있는지, 믿음과 지혜가 충만한 하나님의 사람과 있는지, 육신의 일만 생각하는 사람과 있는지, 영의 일을 생각하는 사람과 있는지 확인해야 합니다. 믿음으로 구원받은 그리스도인이라면 주위에 하나님을 사랑하는 사람, 하나님의 일꾼인 사람, 하나님의 사람이 있어야 합니다.

오늘 본문 말씀은 육신을 따르는 자와 성령을 따르는 자, 땅을 추구하는 자와 하늘을 추구하는 자, 하나님을 기쁘시게 하지 않는 자와 하나님을 기쁘시게 하는 자, 믿음으로 살지 않는 자와 믿음으로 사는 자, 그리스도인이 아닌 자와 그리스도인 등을 대조하면서 설명하고 있는 장면입니다. 이러한 두 사람의 행동을 볼 때 누구를 따라야 하겠습니까?

육신을 따르는 자의 모습입니다.

1) 육신을 따르는 자는 육신의 일을 생각한다고 말합니다.

"육신을 따르는 자는 육신의 일을 … (중략) … 생각하나니"(롬 8:5상).

'육신을 따르는 자'란 부패하고 타락한 모습으로 살아가는 사람들을 말합니다. 세속적인 삶을 살아가는 사람들을 말합니다. 인간의 본능적인 힘에 이끌려 살아가는 사람들을 말합니다. '육신의 일'이란 하나님과는 아무런 상관이 없는 인간 본능에 충실한 각종 부패하고 죄악된 모습과 행위들을 가리킵니다.

"육체의 일은 분명하니 곧 음행과 더러운 것과 호색과 우상 숭배와 주술과 원수 맺는 것과 분쟁과 시기와 분냄과 당 짓는 것과 분열함과 이단과 투기와 술 취함과 방탕함과 또 그와 같은 것들이라 전에 너희에게 경계한 것 같이 경계하노니 이런 일을 하는 자들은 하나님의 나라를 유업으로 받지 못할 것이요"(갈 5:19-21).

"너희가 음란과 정욕과 술취함과 방탕과 향락과 무법한 우상 숭배를 하여 이방인의 뜻을 따라 행한 것은 지나간 때로 족하도다"(벧전 4:3).

이렇게 육신을 따르는 자는 육신의 일을 지속적으로 끊임없이, 습관적으로 즐깁니다. 육신의 일을 추구하고, 그러한 일에 관심을 갖고, 좋아하고, 생각합니다. 달리 말하면 이러한 일들이 그들의 삶의 전부라고 해도 과언이 아닙니다. 어떻게 보면 눈에 보이는 것에만 관심을 집중하는 삶입니다. 이 세상 것만 추구하는 삶입니다. 영적인 모든 것에서 완전히 단절된 삶입니다. 바로 이런 것들이 육신을 따르는 육신의 일을 생각하는 사람의 모습입니다. 이런 사람의 모든 생각, 관심, 입장 등은 전적으로 하나님께 속한 영역에서 벗어나 있습니다. 이런 사람들은 하나님 없는 삶을 살아갑니다. 사도 바울은 이들에 대해 이렇게 결론짓습니다.

"그들의 마침은 멸망이요 그들의 신은 배요 그 영광은 그들의 부끄러움에 있고 땅의 일을 생각하는 자라"(빌 3:19).

2) 육신의 생각은 사망이라고 말합니다.

"육신의 생각은 사망이요"(롬 8:6상).

'육신의 생각'이란 육신을 따르는 본능적인 육신의 정욕을 말합니다. 죄악된 마음을 말합니다. 올바르지 못한 생각을 말합니다. 그러므로 이들에게는 모든 생각 속에 하나님이 존재하지 않습니다. 이들은 하나님이 전혀 계시지 않는 것처럼 살아갑니다. 영적인 일에 아무런 관심이 없습니다. 바로 이런 모습 때문에 영적으로 죽었다는 것입니다. 육신의 생각을 따라 살아가는 사람들은 영적으로 죽은 상태에 있다는 의미입니다.

"또 그들에게 비유로 말하여 이르시되 한 부자가 그 밭에 소출이 풍성하매 심중에 생각하여 이르되 내가 곡식 쌓아 둘 곳이 없으니 어찌할까 하고 또 이르되 내가 이렇게 하리라 내 곳간을 헐고 더 크게 짓고 내 모든 곡식과 물건을 거기 쌓아 두리라 또 내가 내 영혼에게 이르되 영혼아 여러 해 쓸 물건을 많이 쌓아 두었으니 평안히 쉬고 먹고 마시고 즐거워하자 하리라 하되 하나님은 이르시되 어리석은 자여 오늘 밤에 네 영혼을 도로 찾으리니 그러면 네 준비한 것이 누구의 것이 되겠느냐 하셨으니 자기를 위하여 재물을 쌓아 두고 하나님께 대하여 부요하지 못한 자가 이와 같으니라"(눅 12:16~21).

'육신의 생각은 사망'이란 말은 하나님과의 관계가 단절된 것을 말합니다. 하나님과는 조금도 상관이 없는 것을 말합니다. 하나님 없이 산 결과를 말합니다. 당연히 하나님 없는 삶을 살았으니 온전하게 본능적인 인간의 삶을 살 수밖에 없습니다. 죄악 된 인간의 삶은 결국 사망을 낳게 됩니다. 한걸음 더 나아가 육신의 생각까지 사망이라고 사도 바울은 말합니다. 하나님 없는 생각과 삶은 곧 사망이라는 무서운 말씀을 사도 바울은 선언하고 있습니다.

"죄의 삯은 사망이요"(롬 6:23).

"육신의 생각은 사망이요"(롬 8:6).

3) 육신의 생각은 하나님과 원수가 된다고 말합니다.

"육신의 생각은 하나님과 원수가 되나니 이는 하나님의 법에 굴복하지 아니할 뿐 아니라 할 수도 없음이라"(롬 8:7).

이사야 선지자는 하나님과 원수 된 인간의 전형적인 모습을 이렇게 표현했습니다.

"우리는 다 양 같아서 그릇 행하여 각기 제 길로 갔거늘"(사 53:6).

이렇게 육신의 생각으로 가득한 사람은 하나님 앞에서 펼치는 죄악된 행동을 무서워하지 않습니다. 자신이 하고 싶은 대로, 마음먹은 대로 살아갑니다. 자기 자신의 생각에 따라 행동할 뿐입니다. 영적으로 무감각한 삶을 살아갑니다. 하나님의 말씀에는 관심이 전혀 없습니다. 우리 그리스도인들도 구원받기 전에는 이런 삶을 살았습니다(골 1:21).

그리스도인들도 하나님을 인격적으로 만나기 전에는 하나님을 미워하고 하나님을 욕했습니다. 교회를 싫어하고 교회를 비방했습니다. 그리스도인들을 조롱하고 그리스도인들을 공격했습니다. 믿음의 삶을 우습게 여기고 믿음의 삶을 하찮게 여겼습니다. 구원에 대해 관심도 없었고 구원에 대해 무지했습니다. 이러한 육신의 생각으로 하나님과 원수가 되었다는 사실 앞에 부끄럽고 창피할 뿐입니다. 그럼에도 불구하고 천만다행으로 하나님의 은혜가 있었기에 구원받을 수 있었습니다. 마음 깊이 감사하고 거듭거듭 감사할 뿐입니다. 형편없었던 사람을 거듭난 하나님의 사람으로 변화시켜 주셨으니 무한히 감사할 뿐입니다. 그렇다면 결과적으로 육신을 따르는 자는 어떻게 될까요?

"육신에 있는 자들은 하나님을 기쁘시게 할 수 없느니라"(롬 8:8).

한마디로 '하나님을 기쁘시게 할 수 없다'는 것입니다. 육신을 따르고(5절), 육신의 생각뿐이고(6절 상, 7절), 육신에 있는(8절) 사람이라면 절대로 하나님을 기쁘시게 할 수 없습니다. 이런 말씀들은 전적으로 하나님과는 전혀 상관없는 모습을 보여줍니다.

이러한 모습은 확실하게 하나님과는 거리가 먼 모습입니다. 분명하게 하나님과는 연결될 수 없는 모습입니다. 이것이 바로 하나님 없이 살아가는 사람들의 상태입니다. 이렇게 살아가는 사람들이 하나님을 기쁘시게 할 수 없는 것은 너무도 당연합니다. 왜냐하면 저들은 죄를 마음껏 지으면서도 죄가 무엇인지, 어떻게 죄를 짓는지에 대해 무관심하기 때문입니다. 특별히 이렇게 죄를 지으면서도 하나님에 대해 관심도 없을뿐더러 하나님을 두려워하지도 않기 때문입니다.

영을 따르는 자의 모습입니다.

1) 영을 따르는 자는 영의 일을 생각한다고 말합니다.

"영을 따르는 자는 영의 일을 생각하나니"(롬 8:5하).

'영'은 성령을 의미합니다. 특별히 '영을 따르는 자'란 습관적으로 성령의 지배를 받는 자를 말씀합니다. 언제나 성령의 인도하심을 따라 사는 자를 말씀합니다. 항상 성령과 함께 살아가는 그리스도인을 말씀합니다. 그러므로 구원받은 사람, 거듭난 사람, 하나님의 사람 등은 모두 다 성령을 따르는 사람입니다.

이렇게 영을 따르는 사람은 당연히 영의 일을 생각합니다. 여기에서 '영의 일을 생각'한다는 말은 무엇일까요? 영혼에 대해 깊이 생각한다는 말입니다. 구원받은 사람으로서의 삶을 귀하게 여긴다는 말입니다. 하나님의 은혜에 관심이 많다는 말입니다. 영원한 삶(영생)에 대해 귀 기울인다는 말입니다. 죽음과 부활을 염두에 두고 살아간다는 말입니다. 말씀과 기도에 집중한다는 말입니다. 하나님께 영광 돌리는 것이 무엇인지 늘 궁리한다는 말입니다.

영을 따르는 자는 이처럼 영의 일을 생각하게 됩니다. 영의 일에 흥미를 갖게 됩니다. 영의 일에 집중하게 됩니다. 영의 일을 추구하게 됩니다. 이런 사람들이 얻게 되는 열매는 사랑과 희락과 화평과 오래 참음과 자비와 양선과 충성과 온유와 절제입니다(갈 5:22~23).

2) 영의 생각은 생명이라고 말합니다.

"영의 생각은 생명과…"(롬 8:6하).

'생명'은 영적인 생명, 즉 영생을 말합니다. 성령을 따라 살았더니 영원한 생명을 소유하게 되었습니다. 영원히 죽지 않는 삶을 살게 되었습니다. 영원히 복받는 삶을 살게 되었습니다. 이보다 더 귀한 삶이 어디 있겠습니까? 그리스도인들이 이 땅 위에서 교회 다니고, 예배드리고, 믿음으로 사는 이 모든 것들이 영원한 생명, 즉 다시 말해 영생 얻은 것에 대한 감사의 표현입니다. 생각하면 얼마나 귀한 일인지 모를 일입니다. 그리스도인은 하나같이 누구나 모두 다 영원한 생명, 다시 말해 영생을 소유한 사람입니다. 영생을 갖고 있는 사람입니다. 이것은 예수님으로부터 온 생명입니다. 예수님 안에 있는 생명입니다. 예수님께서 허락하신 생명입니다.

"도둑이 오는 것은 도둑질하고 죽이고 멸망시키려는 것뿐이요 내가 온 것은 양으로 생명을 얻게 하고 더 풍성히 얻게 하려는 것이라"(요 10:10).

생명, 즉 영생은 영원토록 존귀하고, 영원토록 값진 것입니다. 영원토록 좋은 것이고, 영원토록 감사한 것입니다.

3) 영의 생각은 평안이라고 말합니다.

"영의 생각은 … (중략) … 평안이니라"(롬 8:6하).

육신을 따라 사는 사람에게는 평안이 없습니다. 만족이 없습니다. 그렇기에 불안정한 가운데 살아갑니다. 불안 가운데 거합니다. 불행이 늘 엄습하는 것 같습니다. 불만족으로 가득합니다. 불신으로 편안함이 없습니다.

육신을 따라 사는 사람에게 평안과 만족과 기쁨이 잠시는 있을 수 있습니다. 하지만 그것은 오래가지 못합니다. 시간이 지나면 다시 평안이 없는 삶으로 돌아갑니다. 그러나 성령을 따라 살아가는 사람, 다시 말해 믿음의 사람은 하나님과 평안을 누릴 뿐만 아니라 자기 자신도 평안한 삶을 살아갑니다. 그러므로 그리스도인은 어떤 일이 일어난다 할지라도 흔들리지 않습니다. 약해지지 않습니다. 두려워하지 않습니다. 왜냐하면 하나님의 말씀을 확실하게 믿기 때문입니다.

"모든 지각에 뛰어난 하나님의 평강이 그리스도 예수 안에서 너희 마음과 생각을 지키시리라"(빌 4:7).

또한 사도 바울은 강력하게 이렇게 말합니다.

"만일 너희 속에 하나님의 영이 거하시면 너희가 육신에 있지 아니하고 영에 있나니 누구든지 그리스도의 영이 없으면 그리스도의 사람이 아니라"(롬 8:9).

이런 말씀 속에서 그리스도인은 누구를 따라야 하겠습니까? 누구에게 관심을 갖고 따라야 하겠습니까? 그리스도인이라면 답은 명확하지 않습니까?

"또 그리스도께서 너희 안에 계시면 몸은 죄로 말미암아 죽은 것이나
영은 의로 말미암아 살아 있는 것이니라 예수를 죽은 자 가운데서
살리신 이의 영이 너희 안에 거하시면 그리스도 예수를 죽은 자
가운데서 살리신 이가 너희 안에 거하시는 그의 영으로 말미암아
너희 죽을 몸도 살리시리라."

- 롬 8:10~11

12장

그리스도인의 현재와 미래

농구 황제라 불리는 미국의 마이클 조던이 신었다는 '나이키' 운동화가 1980년대 후반을 기점으로 폭발적인 인기를 누렸던 때가 있습니다. 국내 일선 학교에서도 이 운동화를 신지 않으면 친구들 사이에 끼워주지도 않았을 정도였습니다. 유명 브랜드로 자리 잡으면 상품 가치가 오르고 판매도 증가합니다. 따라서 비싼 브랜드 가치를 지키려면 상품의 질이 좋아야 하고, 홍보에도 거액이 투입될 수밖에 없습니다. 이렇게 확고한 브랜드 가치를 인정받으면 상품이 판매되고 알려지는 것은 한순간입니다.

그렇다면 예수 그리스도와 그리스도인의 브랜드 가치는 얼마나 될까요? 예수 그리스도는 하늘과 땅 그리고 모든 우주 만물을 지으시고 다스리는 권세를 가지신 분이시기에 값을 매길 수 없습니다. 무한대의 값을 지녔기에 값으로 따질 수 없습니다. 그리스도인 또한 예수 그리스도를 모시고, 함께하고, 동행하는 사람이기 때문에 역시 값으로 환산할 수 없습니다. 예수 그리스도를 믿음으로써 수많은 은혜와 복을 받았기에 존귀한 존재로서 값으로 표현할 수 없는 무한대의 브랜드 가치를 지녔습니다.

그러므로 예수 그리스도를 구세주로 믿고, 믿음으로 구원받아 그리스도인이 되었다면 값으로 환산할 수 없을 정도로 귀한 사람이 된 것입니다. 누구보다도 보석처럼 빛나는 사람이 된 것입니다. 보잘것없는 존재에서 존경받는 존재가 된 것입니다. 이런 엄청난 역사적인 사실이 있기에 그리스도인은 자기 자신에 대해 자신감을 가져야 합니다. 자기 자신을 존중할 줄 알아야 합니다. 마음을 넓혀 생각할 줄 알아야 합니다. 이러한 자부심과 자긍심을 가지고 있는 존재가 그리스도인이기에 오늘도 변함없이 당당하게 믿음으로 살아야 합니다. 내일도 변함없이 당당하게 믿음으로 나아가야 합니다. 왜냐하면 그리스도인은 육체를 따라 사는 사람이 아니기 때문입니다. 성령이 우리 안에 거하시기 때문입니다(롬 8:9).

예수 그리스도와 그리스도인의 브랜드 가치가 무한대라면 그리스도인의 현재와 미래에는 어떤 일이 일어날까요? 본문은 짧은 두 구절이지만 그리스도인의 현재와 미래에 대해 보다 자세하게, 보다 진지하게 소개하고 있는 말씀입니다. 그것은 구체적으로 무엇일까요?

현재 일어난 일은 무엇일까요?

"또 그리스도께서 너희 안에 계시면 몸은 죄로 말미암아 죽은 것이나 영은 의로 말미암아 살아 있는 것이니라"(롬 8:10).

이 말씀은 다시 이렇게 표현할 수 있습니다.

"또 성령이 너희 안에 계시면 몸은 죄로 인하여 죽은 것이나 영혼은 칭의(稱義)로 말미암아 구원받은 것이니라."

한마디로 요약하면 오늘, 현재, 지금 '구원받은 그리스도인'이 되었다는 말씀입니다. '내가 오늘, 현재, 지금 구원받은 그리스도인이 되었다'는 엄청난 말씀입니다. 오늘, 현재, 지금 구원받은 그리스도인이란 이 세상에 살고 있는 사람으로서 그리스도인이 되었다는 말씀입니다. 이 세상에서 특별한 은혜로 그리스도인이 되었다는 말씀입니다. 이것은 은혜가 아니고서는 이해할 수 없는 엄청난 일입니다. 그 무엇으로도 표현하기 힘든 기적적인 사건이라 할 수 있습니다.

구원은 성부 하나님께서 그 모든 것들을 계획하셨고, 성자 하나님께서 그 모든 것들을 완성하기 위해 독생자로 오셨으며, 성령 하나님께서 그 모든 것들을 완벽하게 적용하셨기에 이루어진 놀라운 역사입니다. 그러므로 여러분과 내가 구원받은 그리스도인이 되었다는 엄연한 역사적인 사실 하나만으로도 대단히 놀랍지 않습니까? 참으로 신비롭지 않습니까? 온몸에 전율이 느껴지지 않습니까? 구원받은 존재로 지금 이 순간까지 살아가고 있다는 것에 거듭 거듭 감사하고 또 감사할 뿐입니다.

그렇게도 많은 사람들 중에서 나를 선택하시다니, 나를 불러 주시다니, 나에게 기회를 주시다니 얼마나 감사하고 또 감사한지 모르겠습니다. 이 세상에서 죄 된 행동으로 어리석게 살아가고 있었는데 어느 한순간, 어느 날 갑자기 불러주셨습니다. 보잘 것 없고, 내세울 만한 것 하나 없고, 별 볼일 없는 나를 위해 구원시켜 주셨습니다. 그리스도인 되게 하시다니, 천국 백성 삼아 주시다니 이 얼마나 감사하고 또 감사한 일입니까? 죄로 말미암아 죽을 몸을, 유혹 받는 몸을, 시험에 자주 넘어지는 몸을, 오늘, 지금, 현재 구원시켜 주셨다는 말씀입니다.

"이와 같이 너희도 너희 자신을 죄에 대하여는 죽은 자요 그리스도 예수 안에서 하나님께 대하여는 살아있는 자로 여길지어다"(롬 6:11).

미래에 일어날 일은 무엇일까요?

"예수를 죽은 자 가운데서 살리신 이의 영이 너희 안에 거하시면 그리스도 예수를 죽은 자 가운데서 살리신 이가 너희 안에 거하시는 그의 영으로 말미암아 너희 죽을 몸도 살리시리라"(롬 8:11).

이 말씀을 다시 이렇게 표현할 수 있습니다.

"예수를 죽은 자 가운데서 살리신 이의 성령이 너희 안에 거하시면 그리스도 예수를 죽은 자 가운데서 살리신 하나님이 너희 안에 거하시는 성령으로 말미암아 너희 죽을 몸도 부활하게 하시리라."

한마디로 우리가 장차 미래에 '부활(復活)'을 경험하는 그리스도인'이 된다는 말씀입니다. 그리스도인의 미래는 부활입니다. 그리스도인의 미래가 부활이란 것은 무슨 의미일까요? 믿음으로 살면 앞으로 이렇게 된다는 말씀입니다. 구원받은 사람이라면 누구나 이렇게 된다는 말씀입니다. 장차 부활의 엄청난 역사를 경험하게 된다는 말씀입니다.

"보라 내가 너희에게 비밀을 말하노니 우리가 다 잠 잘 것이 아니요 마지막 나팔에 순식간에 홀연히 다 변화되리니 나팔 소리가 나매 죽은 자들이 썩지 아니할 것으로 다시 살고 우리도 변화하리라 이 썩을 것이 반드시 썩지 아니할 것을 입겠고 이 죽을 것이 죽지 아니함을 입으리로다"(고전 15:51~53).

"그러므로 내 사랑하는 형제들아 견실하며 흔들리지 말고 항상 주의 일에 더욱 힘쓰는 자들이 되라 이는 너희 수고가 주 안에서 헛되지 않은 줄 앎이라"(고전 15:58).

그렇다면 무엇이 그리스도인들의 부활을 보증하고 약속할까요? 성경은 확실하게 '성령님'이 이를 보증하고 약속하신다고 말씀합니다.

"너희 안에 거하시는 그의 영으로 말미암아 너희 죽을 몸도 살리시리라"(롬 8:11하).

몸의 부활은 너무나 중요합니다. 믿음으로 구원받아 열심히 신앙생활 했는데 부활이 없다면 얼마나 허망하겠습니까? 그 어떤 단체도 그 어떤 종교도 사람의 부활을 말하지 않지만, 기독교 신앙은 당당하게 부활을 당연하게 말하고 있다는 이 사실 하나만으로도 대단히 특별한 것입니다. 몸의 부활을 떠나서는 완벽한 구원이란 있을 수 없습니다. 따라서 몸의 부활을 믿지 못하는 것은 지극히 안타깝고 불쌍한 일입니다.

그러므로 몸의 부활을 분명하게 확신하는 그리스도인은 결코 낙심할 수 없습니다. 무슨 일이 있어도 불행할 수 없습니다. 아무리 힘들어도 절망이란 있을 수 없습니다. 의기소침할 필요가 없습니다. 기죽어 살 이유가 없습니다. 왜냐하면 우리 그리스도인들은 부활할 것이기 때문입니다. 이 일이 나와 여러분에게 일어날 것이기 때문입니다.

요즘은 따뜻한 편지를 받아보기 어렵습니다. 여러 가지 전달 매체는 넘쳐나지만 감동은 없는 것이 현실입니다. 1950~1960년대만 해도 문맹자가 많아 군대에서는 공민 교육대가 한글을 가르쳤습니다. 그 당시는 고향에서 아내가 보낸 편지조차 읽지 못하는 사람이 많았습니다.

어느 나이든 사병이 아내로부터 온 편지를 읽어달라고 어느 한 사람에게 부탁했습니다. 봉투를 뜯어보니 백지 위에 커다란 손 그림이 있었습니다. 백지 위에 손바닥을 펴서 손가락의 윤곽을 그은 것이었습니다. 그 밑에는 문장이 딱 한줄 있었습니다. 글을 읽어달라는 부탁을 받은 이는 문맹인 남편에게 한글을 모두 익힌 후 스스로 읽어보라고 권했습니다. 드디어 한글을 깨친 남편이 아내의 편지를 읽게 됐습니다. 그 편지에는 이렇게 적혀 있었습니다. "저의 손이에요. 만져 주세요." 심금을 울리는 사랑의 편지입니다.

하나님은 날마다 순간마다 사랑의 편지를 보내십니다. 오늘도 변함없이 하나님은 우리에게 사랑의 편지를 보내주셨습니다. 그 편지의 내용은 이렇습니다. "현재는 구원받은 그리스도인, 미래는 부활할 그리스도인"이라고. 다시 말해 '현재는 곧 미래'라고. 그리스도인은 힘차게 외쳐야 합니다. 그리고 늘 기억해야 합니다. '현재는 구원, 미래는 부활' 할렐루야!

"

그 어떤 단체도 그 어떤 종교도 사람의 부활을 말하지 않지만,
기독교 신앙은 부활을 당연하게 말하고 있다는
이 사실 하나만으로도 대단히 특별한 것입니다.
몸의 부활을 떠나서는 완벽한 구원이란 있을 수 없습니다.

"

"그러므로 형제들아 우리가 빚진 자로되 육신에게 져서 육신대로
살 것이 아니니라 너희가 육신대로 살면 반드시 죽을 것이로되
영으로써 몸의 행실을 죽이면 살리니."

– 롬 8:12~13

13장

그리스도인답게 사는 방법

   어떤 한 사람이 보리밭을 열심히 갈고 난 뒤 고랑마다 가라지를 심고 있었습니다. 하루 종일 땀을 흘리며 오직 가라지를 심고 있었습니다. 주변 사람들이 그를 보고 왜 보리를 심지 않고 가라지를 심느냐고 물었습니다. 소를 위한 목초지를 만들려는 것인지 물었습니다. 그 사람은 보리를 거두기 위해 가라지를 심는다고 대답했습니다. 그 말을 들은 동네 사람들은 그를 보고 미쳤다고 했습니다. 보리를 거두려면 보리를 심어야지, 왜 가라지를 심느냐고 비난했습니다. 그때 그는 자신을 비난하는 사람들을 향하여 이렇게 되물었습니다. "당신들은 선을 거두려 하면서 왜 날마다 악을 심는가?"

   이 말은 이런 말입니다. '선하게 살려면 선한 일을 해야 한다고 말은 잘하면서 왜 정작 자신들은 날마다 악한 행동을 일삼는가?', '첫 단추를 잘 끼워야 한다고 늘 강조하면서 왜 정작 자신들은 첫 단추에 관심이 없는가?', '콩 심은 곳에 콩 나고 팥 심은 곳에 팥 나

는 것을 잘 알면서 왜 정작 자신들은 이 사실을 너무 자주 잊어버리는가?'

연약하고, 부족하고, 한심하다 할지라도 노력하고 수고하고 애쓰는 가운데 말과 행동이 같아야 합니다. 모양도 내용도 같아야 합니다. 시작도 마지막도 같아야 합니다. 믿음으로 시작했으면 믿음으로 끝내야 합니다. 주님의 이름으로 시작했으면 마지막까지 주님의 이름으로 영광을 돌리는 삶이 되어야 합니다. 이것이 그리스도인의 삶입니다. 이것이 그리스도인답게 사는 방법입니다.

그리스도인이 되면 그리스도인으로서 항상 염두에 두는 생각들이 있습니다. 그리스도인으로서 어떻게 구별된 삶을 살 수 있을까? 그리스도인으로서 죄에 대해 어떻게 반응하며 투쟁해야 하는가? 그리스도인으로서 그리스도인답게 사는 방법은 무엇인가? 사도 바울은 이렇게 말씀합니다. 한마디로 말하면 지체를 하나님께 의의 무기로 드리며 살면 된다고 말씀합니다.

"또한 너희 지체를 불의의 무기로 죄에게 내주지 말고 오직 너희 자신을 죽은 자 가운데서 다시 살아난 자 같이 하나님께 드리며 너희 지체를 의의 무기로 하나님께 드리라"(롬 6:13).

이 말씀은 어떤 그리스도인들에게만 해당되는 말씀이 아닙니다. 모든 그리스도인들에게 해당되는 진리의 말씀입니다. 항상 하나님께 드려지는 삶이야말로 그리스도인답게 사는 삶이 아니겠습니까? 그렇다면 그리스도인답게 사는 방법은 구체적으로 무엇일까요?

육신을 따라 살지 않는 것입니다.

"육신에게 져서 육신대로 살 것이 아니니라"(롬 8:12하).

육신대로 산다는 말은 무슨 뜻일까요? 먹고, 마시고, 입고, 기뻐하고, 진노하고, 사랑하고, 즐기고 하는 것들 중에서 믿음으로 하지 않는 모든 것을 말합니다. 세상의 기준에 따라 살아가는 것을 말합니다. 하나님과 관계가 없는 모든 것을 말합니다. 일반적으로 사람들은 이렇게 육신대로 살아갑니다. 육신의 본능에 충실하게 살아갑니다. 그것이 삶이고 유익이고 기쁨이라고 생각합니다. 세상에 태어난 이유를 오직 육신의 본능에 따라 열심히 살아가는 것이라고 여길 뿐입니다.

결국 육신대로 살면 어떻게 될까요? 피곤한 일이 자주 생깁니다. 위험한 상황이 자주 벌어집니다. 불안한 삶을 살 수밖에 없습니다. 고통과 아픔이 항상 뒤따라 다닙니다. 절망, 좌절, 낙심이 동반됩니다. 죄짓는 경우가 허다하게 됩니다. 병들고 한숨짓고 후회하는 인생이 됩니다.

그러므로 그리스도인들은 오직 믿음으로 살아야 합니다. 믿음이 중심이 된 삶을 사는 것이 필요합니다. 믿음이 없는 삶이라면 헛된 삶일 수밖에 없습니다. 아무리 믿음 있는 것처럼 행동해도 믿음의 열매가 없는 삶은 드러나게 되어 있습니다. 믿음의 삶은 믿음의 열매가 있는 삶입니다(갈 5:22~23).

그리스도인은 오직 하나님만 바라보고 살아야 합니다. 하나님만 바라볼 때 은혜를 맛볼 수 있습니다. 복을 경험하게 됩니다. 어렵고 힘든 삶이라 할지라도 이겨낼 수 있는 힘과 지혜가 생깁니다. 하나님은 영원하신 왕이시자 썩지 아니하시고 보이지 아니하시고 홀로 하나이신 하나님이시기 때문입니다(딤전 1:17).

그리스도인은 오직 진리의 말씀, 생명의 말씀을 기준 삼아야 합니다. 성경말씀은 진리의 말씀이자 생명의 빛이십니다. 어두운 세상, 절망스러운 세상, 희망이 보이지 않는 세상에서 갈 길을 밝히 밝혀 주는 것은 오직 진리의 말씀이자 생명의 빛 되신 성경 말씀밖에 없습니다(엡 1:13; 요일 1:1; 빌 2:16; 시 119:105).

그리스도인이 이렇게 살아야 하는 이유는 그리스도인은 성령님이 함께 하는 사람이기 때문입니다. 성령님이 내주하는 사람이기 때문입니다. 그리스도인은 육신의 영역에서 벗어나 성령의 영역으로 옮겨진 사람입니다. 이런 자신을 확실하게 알고 있다면 성령의 사람으로서 이에 합당한 삶을 살아갈 수밖에 없습니다. 그리고 그리스도인으로서, 성령의 사람으로서 자신을 아끼고, 사랑하고, 존중하면서 살아갈 것입니다. 결코 함부로 살지는 않을 것입니다.

"만일 너희 속에 하나님의 영이 거하시면 너희가 육신에 있지 아니하고 영에 있나니"(롬 8:9).

그럼에도 불구하고 많은 사람이 육신대로 살아갑니다. "죄의 삯은 사망"(롬 6:23)이라는 말씀을 성취하며 살아갑니다. 사도 바울은 "너희가 육신대로 살면 반드시 죽을 것이로되"(롬 8:13상)라고 경고합니다. 육신대로 살면 당연히 죄짓고 살 수밖에 없습니다. 죄와 더불어 살면서 죄를 벗어날 수 없습니다. 죄의 틀에 갇혀 꼼짝없이 죄와 함께 할 수밖에 없는 처지가 됩니다.

아담과 하와의 범죄 이후 인류는 수많은 범죄로 아픔과 상처를 낳았습니다. 별의 별 종류의 죄들을 양산하며 살아왔습니다. 성경 말씀에 기록된 수많은 죄들을 살펴보면 볼수록 인간이 이렇게도 악할 수 있는가라는 자괴감과 함께 한숨과 비통함이 앞을 가립니다 (골 3:5,8; 엡 5:3~5; 갈 5:19~21; 고전 6:9~10).

육신대로 살면 육신의 마지막은 언제나 죽음입니다. 육신대로 살면 육신의 생명은 반드시 죽음에 이르게 되는 것입니다. 육신대로 살아가는 사람에게는 희망이 없지만 그럼에도 불구하고 그리스도인에게는 희망이 있습니다.

"또 그리스도께서 너희 안에 계시면 몸은 죄로 말미암아 죽은 것이나 영은 의로 말미암아 살아있는 것이니라 예수를 죽은 자 가운데서 살리신 이의 영이 너희 안에 거하시면 그리스도 예수를 죽은 자 가운데서 살리신 이가 너희 안에 거하시는 그의 영으로 말미암아 너희 죽을 몸도 살리시리라"(롬 8:10~11).

이렇게 귀하게 제시된 말씀을 볼 때 우리에게는 현재 구원받은 그리스도인으로서의 희망이 있습니다(10절). 앞으로 부활할 그리스도인으로서 희망이 있습니다(11절). 따라서 그리스도인답게 사는 방법은 육신을 따라 살지 않는 것입니다.

성령으로 몸의 행실을 죽이며 사는 것입니다.

"영으로써 몸의 행실을 죽이면 살리니"(롬 8:13하).

예수님을 믿음으로써 구원받았다면 그리스도인이 된 것입니다. 진지한 입술의 고백과 마음으로 믿는 믿음이 확실하다면 구원받은 것입니다.

"사람이 마음으로 믿어 의에 이르고 입으로 시인하여 구원에 이르느니라"(롬 10:10).

이렇게 구원받은 그리스도인을 향해 사도 바울은 이렇게 말합니다.

"너희는 너희가 하나님의 성전인 것과 하나님의 성령이 너희 안에 계시는 것을 알지 못하느냐"(고전 3:16).

"너희 몸은 너희가 하나님께로부터 받은 바 너희 가운데 계신 성령의 전인 줄을 알지 못하느냐"(고전 6:19).

사도 바울은 그리스도의 몸이 하나님의 성전이고 이 성전 안에 성령님이 계신다고 말씀합니다. 또한 이렇게도 말씀합니다.

"만일 너희 속에 하나님의 영이 거하시면 너희가 육신에 있지 아니하고 영에 있나니"(롬 8:9).

사도 요한도 이렇게 말씀합니다.

"그의 성령을 우리에게 주시므로 우리가 그 안에 거하고 그가 우리 안에 거하시는 줄을 아느니라"(요일 4:13).

이처럼 구원받은 그리스도인에게는 성령님이 거하시고 함께하신다고 성경은 말씀합니다. 이런 성령의 능력으로, 성령의 역사로, 성령의 충만함으로 '몸의 행실'을 죽이는 것이 그리스도인답게 사는 것이라고 본문은 강조합니다. 하지만 그리스도인이 되었다고 해서 몸의 행실이 자연스럽게 사라지는 것이 아닙니다. 끊임없이 몸의 행실이 살아나는 것이 그리스도인의 삶의 현실이기도 한 것입니다. 몸의 행실은 육신대로 사는 삶을 말하는데 내 안에 계신 성령으로 이러한 몸의 행실을 죽여야 합니다. 그리스도인들을 향한 베드로 사도의 말씀은 이렇습니다.

"너희가 음란과 정욕과 술취함과 방탕과 향락과 무법한 우상 숭배를 하여 이방인의 뜻을 따라 행한 것은 지나간 때로 족하도다"(벧전 4:3).

다시 말해 부패하고 타락한 인간 본능을 좇아 행하는 모든 악한 행실을 성령으로 죽여야 한다는 것입니다. 성령으로 이겨내야 한다는 것입니다. 지난 과거, 예수님을 믿기 전에 몸의 행실을 따라 살았다면 이제는 그렇게 살 수 없다는 말씀입니다. 몸의 행실, 즉 나쁜 행동은 세상 지식으로 이길 수 없습니다. 물질로도 이길 수 없습니다. 권력의 힘으로도 이길 수 없습니다. 어떠한 환경과 배경으로도 이길 수 없습니다. 오직 내 안에 계신 성령으로만 이길 수 있을 뿐입니다. 자기 자신의 힘으로 싸우는 것이 아니라 내 안에 계신 성령으로 더불어 죄에 대항하여 싸울 때 승리할 수 있습니다.

"영으로써(성령으로써) 몸의 행실을 죽이면 살리니"(롬 8:13하).

이 말씀은 엄청난 역설입니다. 신비로움을 주는 역설입니다. 은혜가 넘치는 역설입니다. 성경에는 이러한 역설이 많이 있고, 더불어 많이 강조되고 있습니다. 대표적인 것들은 다음과 같습니다. 화평이 아니라 검을 주러 왔다(마 10:34). 으뜸이 되고자 하는 자는 종이 되어야 한다(마 20:27). 첫째가 되고자 하면 뭇사람의 끝이 되어야 한다(막 9:35). 먼저 된 자가 나중 되고 나중 된 자가 먼저 된다(막 10:31). 어리석은 자가 되어야 지혜로운 자가 된다(고전 3:18). 보이는 것은 잠깐이요 보이지 않는 것은 영원하다(고후 4:18). 약할 그때가 강하다(고후 12:10). 내게 유익하던 것을 주를 위해 해로 여긴다(빌 3:7).

그리스도인들은 이 땅 위에서 순례자이면서 나그네며 이방인이라는 사실을 잊지 말아야 합니다. 이 땅 위에 미련을 둔다든가 아쉬움을 가질 필요가 없습니다. 때가 되면 우리의 주인 되신 하나님 앞에 가야 하기 때문입니다. 잊지 말아야 할 분명한 사실이 더 있다면 숨 쉬고 살아가는 동안 끊임없이 성령으로 몸의 행실, 나쁜 행동을 죽이며 살아야 한다는 것입니다. 몸의 행실, 나쁜 행동을 죽이는 것이 사는 일입니다.

그리스도인답게 사는 방법은 육신을 따라 살지 않는 것입니다. 성령으로 몸의 행실을 죽이며 사는 것입니다. 분명 쉽지 않은 일입니다. 그럼에도 불구하고 그리스도인이 분명하게 기억해야 하는 것이 있습니다. 예민하게 귀를 기울여야 하는 것이 있습니다. 그것은 바로 그리스도인의 삶은 달라야 한다는 것입니다. 그리스도인답게 살아야 한다는 것입니다. 왜냐하면 그리스도인은 택하신 족속이요, 왕 같은 제사장들이요, 거룩한 나라요, 하나님의 소유가 된 백성이기 때문입니다(벧전 2:9).

"무릇 하나님의 영으로 인도함을 받는 사람은

곧 하나님의 아들이라."

– 롬 8:14

14장

하나님의 자녀

종과 자녀의 차이점은 무엇일까요? 종이 속한 관계는 일꾼과 주인과의 관계, 신하와 임금과의 관계, 직원과 사장과의 관계라고 보면 될 것 같습니다.

첫째, 종은 인정받는 근거가 열심히 일하는 것에 있지만, 자녀는 아들이냐 딸이냐 하는 신분에 있습니다.

둘째, 종은 '주인이 마음에 들어 하실까?' 하는 불안과 염려로 하루를 시작하지만, 자녀는 평안하고 안전하게 하루를 시작합니다.

셋째, 종은 일솜씨 때문에 받아들여지지만, 자녀는 관계 때문에 (부자, 부녀, 모자, 모녀) 받아들여집니다.

넷째, 종은 하루를 마칠 때 자기의 일로 자신의 가치를 인정해 보였다는 확신이 설 때에만 마음이 편하지만, 자녀는 하루 종일 언제든지 마음이 안전하고, 편안하며, 내일이 와도 자신의 신분에 아무런 변화가 없으리라는 것을 잘 알고 있습니다.

다섯째, 좋은 일을 잘못하면 자리가 위태로워지고 실직을 당할 수도 있지만, 자녀는 실수해도 부모를 속상하게 해드렸다는 것 때문에 아픔이 있을 수 있고 또 꾸중을 듣고 훈계를 받을 수는 있으나 버림을 당할까 봐 두려워하지는 않습니다.

우리가 누구입니까? 구원받은 그리스도인 아닙니까? 그리스도인은 누구입니까? 하나님의 자녀, 하나님의 백성 아닙니까? 이것을 달리 표현하면 그리스도인은 세상의 나침반이라고도 할 수 있습니다. 그리스도인은 우리 사회의 영적인 나침반입니다. '길과 진리와 생명'을 정확하게 제시해야 할 나침반입니다. 전쟁이든 여행이든 낯선 곳에서 꼭 필요한 것이 나침반입니다. 나침반으로 방향을 확인해야 목표 지점을 제대로 찾을 수 있기 때문입니다. 나침반은 지구 어디에 놔두더라도 바늘이 빙글빙글 돌다가 남과 북을 정확하게 가리킵니다.

이처럼 그리스도인은 하나님의 자녀, 하나님의 백성으로서 이 땅 위에 올바른 방향을 제시하는 영적 나침반입니다. 하나님의 은혜로 선택(選擇)되어 믿음으로 구원받았다면 성령으로 인도받기에 영적 나침반의 사명을 잘 감당할 수 있는 것입니다. 이러한 하나님의 자녀에 대한 성경의 진지한 생각은 무엇일까요?

모든 사람이 하나님의 자녀는 될 수 없다는 것입니다.

"너희는 너의 아비 마귀에게서 났으니 너희 아비의 욕심대로 너희도 행하고자 하느니라"(요 8:44).

이 세상에는 하나님의 자녀가 있는가 하면 하나님의 자녀가 아닌 사람도 있다는 말씀입니다. 하나님의 자녀인지 아닌지 알 수 있는 가장 정확한 방법을 예수님은 이렇게 제시하셨습니다.

"하나님께 속한 자는 하나님의 말씀을 듣나니 너희가 듣지 아니함은 하나님께 속하지 아니하였음이로다"(요 8:47).

"내 양은 내 음성을 들으며 나는 그들을 알며 그들은 나를 따르느니라"(요 10:27).

"우리는 하나님께 속하였으니 하나님을 아는 자는 우리의 말을 듣고 하나님께 속하지 아니한 자는 우리의 말을 듣지 아니 하나니 진리의 영과 미혹의 영을 이로써 아느니라"(요일 4:6).

그러므로 이 세상에는 구원받은 사람과 버림받은 사람이 있습니다. 영생 받은 사람과 영원히 멸망 받을 사람이 있습니다. 천국 시민과 세상 시민이 있습니다. 생명의 사람과 사망의 사람이 있습니다. 영에 속한 사람과 육에 속한 사람이 있습니다. 하나님의 백성과 마귀의 백성이 있습니다. 믿음의 사람과 불신앙의 사람이 있습니다. 가만히 생각해 보면 볼수록 특별하게 선택된 사람들이 따로 있다는 말씀 아닙니까? 구원받은 그리스도인의 입장에서 흐뭇하지 않을 수 없습니다. 누구보다도 기분 좋은 말씀이고 감사한 말씀입니다. 삶에 있어 이것보다 더 복된 말씀이 있겠습니까?

"곧 창세 전에 그리스도 안에서 우리를 택하사"(엡 1:4).

"마땅히 하나님께 감사할 것은 하나님이 처음부터 너희를 택하사 성령의 거룩하게 하심과 진리를 믿음으로 구원을 받게 하심이니"(살후 2:13).

하지만 선택되지 않은 사람들의 입장에서 보면 이런 말씀은 상상을 뛰어넘는 충격적인 말씀입니다. 여러모로 기분 나쁜 말씀입니다. 한편으로는 괴로운 말씀입니다. 그러므로 하나님의 자녀로 선택되어 지금 이 순간 예배드리고, 기도하며, 찬송하고, 말씀을 경청하고 있다면 무한히 감사해야 합니다. 하나님의 은혜에 대해 옷깃을 여미며 감사하고 또 감사해야 합니다. 앞으로도 남은 생애를 하나님의 자녀로 살 것을 굳게 다짐해야 합니다. 분명한 것은 모든 사람이 하나님의 자녀는 될 수 없다는 것입니다.

하나님의 자녀가 되었다는 것이 어떤 의미인가 하는 것입니다.

"그 기쁘신 뜻대로 우리를 예정하사 예수 그리스도로 말미암아 자기의 아들들이 되게 하셨으니"(엡 1:5).

우리는 원래 아담의 자녀로, 육신의 자녀로, 진노의 자녀로, 심판의 자녀로, 타락의 자녀로, 멸망의 자녀로, 지옥의 자녀로, 죄인의 자녀로 태어났음을 기억해야 합니다. 그리하여 하나님의 자녀, 하나님의 백성이라는 단어와는 상당히 거리가 먼 상태에 있었습니다. 그러했던 우리를 하나님의 기쁘신 뜻대로 하나님의 자녀가 되게 하셨습니다. 그것도 하나님이 미리 정해 놓으신 계획에 따라 새롭게 태어나게 하신 것입니다. 그래서 하나님의 자녀를 이렇게 부릅니다.

1) 하나님께로부터 난 사람

"하나님께로부터 난 자마다 죄를 짓지 아니하나니 이는 하나님의 씨가 그의 속에 거함이요 그도 범죄하지 못하는 것은 하나님께로부터 났음이라"(요일 3:9).

2) 거듭난 사람

"너희가 거듭난 것은 썩어질 씨로 된 것이 아니요 썩지 아니할 씨로 된 것이니 살아 있고 항상 있는 하나님의 말씀으로 되었느니라"(벧전 1:23).

3) 신성한 성품에 참여한 사람

"너희로 정욕 때문에 세상에서 썩어질 것을 피하여 신성한 성품에 참여하는 자가 되게 하려 하셨느니라"(벧후 1:4).

4) 새사람

"하나님을 따라 의와 진리의 거룩함으로 지으심을 받은 새사람을 입으라"(엡 4:24).

5) 새로운 피조물

"그런즉 누구든지 그리스도 안에 있으면 새로운 피조물이라 이전 것은 지나갔으니 보라 새 것이 되었도다"(고후 5:17).

세상에서 가장 못생기고, 찢어지게 가난하고, 형편없는 환경 속에서 살고, 별 볼일 없는 위치에 있고, 아무도 알아주지 않는 그리스도인이라 할지라도 하나님의 자녀, 하나님의 백성 되었음을 잊지 말아야 합니다. 더불어 하나님의 자녀 되었다는 의미가 얼마나 귀한지 마음 깊이 새겨야 하지 않겠습니까?

우리가 하나님의 자녀 됨을 어떻게 확신할 수 있는가 하는 것입니다.

"무릇 하나님의 영으로 인도함을 받는 사람은 곧 하나님의 아들이라"(롬 8:14).

한마디로 성령의 인도를 받는 사람을 하나님의 자녀라고 확신할 수 있습니다. 성령의 인도를 받는 사람은 삶, 생각, 느낌, 행동 등에서 성령의 인도를 받습니다. 성령의 지시를 받습니다. 성령의 지도를 받습니다. 그러므로 하나님의 자녀는 평안한 삶을 유지합니다. 여유 있는 삶을 보여 줍니다. 감사의 삶을 살아갑니다.

하지만 자연인으로 살아가는 사람은 삶, 생각, 느낌, 행동 등에서 욕망이 그를 인도합니다. 충동이 지시합니다. 부패한 마음이 충동질합니다. 그러므로 무의미한 삶으로 이어집니다. 목마른 삶을 살아갑니다. 황폐한 삶을 살 수밖에 없습니다. 그렇다면 어떤 사람이 성령으로 인도받는 사람일까요?

1) 영적인 것에 주목하는 사람입니다. 영적인 것에 관심과 느낌과 관점을 갖고 있는 사람입니다. 달리 표현하면 예배를 즐거워합니다. 말씀 듣기를 간절히 사모합니다. 기도하기를 게을리하지 않습니다. 거룩한 삶을 살기를 갈망합니다. 천국에 대한 소망으로 가득합니다. 불쌍한 영혼에 대해 관심을 기울입니다. 믿음으로 살기를 절대적으로 추구합니다. 왜냐하면 성령으로 인도받는

사람은 영원한 것에 주목하기 때문입니다.

"우리가 주목하는 것은 보이는 것이 아니요 보이지 않는 것이니 보이는 것
은 잠깐이요 보이지 않는 것은 영원함이라"(고후 4:18).

2) 하나님의 영광을 위해 최선을 다하는 사람입니다. 온전한 삶을
   통해서, 수많은 시간을 통해서, 주어진 재능을 통해서, 갖고 있
   는 물질을 통해서, 온몸과 마음을 바쳐 하나님의 영광을 위해 살
   기를 추구합니다.

"그런즉 너희가 먹든지 마시든지 무엇을 하든지 다 하나님의 영광을 위하
여 하라"(고전 10:31).

3) 하나님과 예수 그리스도를 아는 지식에 자라가는 사람입니다.
   성경을 읽고 연구하고 묵상하여 하나님과 예수 그리스도에 대
   해 알아가기를 갈망합니다. 그리하여 자라고 발전하며 성숙하
   게 됩니다.

"오직 우리 주 곧 구주 예수 그리스도의 은혜와 그를 아는 지식에서 자라
가라"(벧전 3:18).

4) 죄를 예민하게 느끼는 사람입니다. 죄 때문에 가슴 아파하고, 고
   통스러워합니다. 죄 때문에 부족함을 알고 한계를 느낍니다. 죄

때문에 한숨 쉬고 괴로워합니다. 어떻게 보면 죄가 얼마나 삶을 힘들게 하는지 잘 아는 사람입니다. 죄 된 모습이 얼마나 한심스러운지 잘 아는 사람입니다.

"모든 사람이 죄를 범하였으매 하나님의 영광에 이르지 못하더니"(롬 3:23).

5) 성령의 열매를 맺는 사람입니다. 믿음 안에서 점점 발전해 가고, 성숙해 가고, 귀한 열매를 맺는 사람을 말합니다. 몰라보게 변화된 사람을 말합니다. 한편 영적으로 교만을 떨고, 자기만족에 흐뭇해하고, 믿음 안에서 열매는 없이 시간만 보낸다면 하나님의 자녀가 아닙니다.

"오직 성령의 열매는 사랑과 희락과 화평과 오래 참음과 자비와 양선과 충성과 온유와 절제니"(갈 5:22~23).

나침반이 흔들리면 세상은 방향을 잃고 맙니다. 혼란스러워집니다. 어떻게 해야 할지 몰라 당황하게 됩니다. 세상은 한순간에 아수라장이 될 것입니다. 마찬가지로 그리스도인이 된 하나님의 자녀가 흔들리면 세상 사람들은 비웃을 것입니다. 손가락질할 것입니다. 외면할 것입니다. 그리스도인이 된 하나님의 자녀는 자신이 영적 나침반이라는 사실을 가슴에 새기고 흔들리지 않는 삶을 살아야 합니다. 분명한 것은 모든 사람이 하나님의 자녀가 될 수 없다는 것입니다. 하나님의 자녀가 되었다는 놀라운 의미를 바로 안다는 것이 중요하다는 것입니다. 하나님의 성령으로 인도받는 사람이 하나님의 자녀라는 것입니다.

"너희는 다시 무서워하는 종의 영을 받지 아니하고 양자의 영을

받았으므로 우리가 아빠 아버지라고 부르짖느니라."

– 롬 8:15

15장

양자(養子) 되다

루마니아 작가 콘스탄틴 비르질 게오르규(1916~1992)가 쓴 '25시'라는 제목의 소설이 있습니다. 이 소설이 '25시'라는 영화로도 나왔는데 이 소설의 핵심 내용은 주인공으로 등장하는 요한 모리츠의 인생 여정이 너무나 가슴 아프고 기가 막히며 기구하기 그지없다는 것입니다. 주인공 요한 모리츠 역할을 영화배우 앤서니 퀸이 맡았는데 그의 표정 연기는 영화사에 길이 남을 만큼 압권이었습니다.

주인공 요한 모리츠는 약소국 루마니아의 평범하고 순박한 농부입니다. 그런데 문제는 2차 세계대전이라는 거센 물결 속에서 그가 까닭 없이 심한 고생을 하게 된다는 것입니다. 유대인으로 오해받아 여기저기로 끌려다니면서 멸시와 학대를 받는가 하면, 헝가리에서는 적성국 루마니아인이라며 모진 고문을 당합니다. 독일에 끌려가 전쟁 노무자로 일하다가 그곳에서 혈통 연구가인 독일군 장교에 의해 난데없이 게르만 민족의 순수 혈통을 이어받은 세계 최고의 우수한 인종의 씨라는 평가로 찬양을 받기도 합니다. 그는 이리저리 흘러 다니다가 마지막에 연합군에 체포되어 재판을 받게 됩니다. 재판관이 "너의 정말 신분이 무엇이냐?"라고 묻자 모리츠는 아무 대답도 못 합니다. 자기가 정말로 누구인지를 자기 자신도 알 수가 없었기 때문입니다.

이것은 참으로 심각한 이야기입니다. 너무 고생스러워도 자기를 상실합니다. 너무 순탄하게 일이 잘되기만 해도 자기를 잃어버립니다. 너무 복잡해도 자기 분열을 가져옵니다. 너무 바빠도 참다운 자기를 모르게 되는 경우가 많습니다. 전쟁의 소용돌이 속에서 자기를 잃어버린 모리츠처럼 혹시 우리 그리스도인들도 세상의 소용돌이에 파묻혀 나를 잊고 살지는 않는지 살펴봐야 합니다. 바쁘고 정신없는 생활 가운데 그리스도인이라는 것을 놓치고 사는 것은 아닌지 점검해 봐야 합니다. 평온하고 순탄한 삶이 계속됨으로 하나님의 자녀, 하나님의 백성이라는 놀라운 사실을 무감각하게 여기고 있는 것은 아니지 예민하게 신경 써야 합니다.

험악하고 험난한 시대 속에서 하나님의 자녀, 하나님의 백성 된 나를 잊어버리지 않는 것, 놓치지 않는 것, 기억하는 것이 무엇보다 중요합니다. 이것이 본문에서 말씀하고 있는 양자(養子) 됨의 핵심 주제입니다. 하나님의 아들, 하나님의 자녀라는 말을 달리 표현하면 하나님의 양자가 되었다는 것입니다. 이것은 하나님의 아들,

하나님의 자녀 됨에 대한 분명하고도 명확한 말씀입니다. 양자 됨은 법적인 조치를 말합니다. 결혼한 부부와 아무런 관계가 없는 사람이 가족관계로 들어가는 하나의 법적 조치입니다. 법적 조치로 인해 한 아들로 인정되는 것을 말합니다. 따라서 양자가 되면 당연히 아들의 특권과 지위가 주어지며 아들로서의 삶을 살아가게 되는 것입니다.

그러므로 하나님께서 양자로 우리를 받아주시는 것은 하나님께서 우리를 그의 가족으로 받아들이는 하나님의 법적인 조치입니다. 우리를 법적인 방식을 통해서 양자로 받아들이는 분이 하나님 자신이기 때문에 그 행동은 번복될 수 없는, 결코 변할 수 없는 조치라는 것입니다. 그리하여 그리스도인은 하나님의 자녀가 되었습니다. 양자 제도는 그 당시 로마 시대에는 일반적으로 통하던 아주 친숙한 관습이자, 법적인 제도였습니다. 오늘날 우리 한국 사회도 자녀 없는 부부가 자연스럽게 양자로 자녀 삼는 경우가 있음을 잘 알고 있지 않습니까? 그렇다면 양자 됨에 대해 무엇을 살펴보아야 할까요?

양자 됨의 성경적 근거는 무엇인가? 하는 것입니다.

1) 하나님의 예정(豫定)하심이 있었기 때문입니다. 하나님의 자녀에 대한 하나님의 기쁘신 뜻이 있었기에 가능했습니다.

"그 기쁘신 뜻대로 우리를 예정하사 예수 그리스도로 말미암아 자기의 아들들이 되게 하셨으니"(엡 1:5).

"모든 일을 그의 뜻의 결정대로 일하시는 이의 계획을 따라 우리가 예정을 입어 그 안에서 기업이 되었으니"(엡 1:11).

2) 하나님의 은혜가 있었기 때문입니다. 하나님의 지극하신 사랑이 없었다면 불가능했습니다. 이것은 신비한 은혜일 수밖에 없습니다.

"그러므로 상속자가 되는 그것이 은혜에 속하기 위하여 믿음으로 되나니"(롬 4:16).

"너희에게 아버지가 되고 너희는 내게 자녀가 되리라 전능하신 주의 말씀이니라"(고후 6:18).

3) 하나님의 약속이 있었기 때문입니다. 하나님은 하나님의 자녀에 대해 분명하게 약속하셨습니다.

"곧 육신의 자녀가 하나님의 자녀가 아니요 오직 약속의 자녀가 씨로 여기심을 받느니라"(롬 9:8).

"너희가 그리스도의 것이면 곧 아브라함의 자손이요 약속대로 유업을 이을 자니라"(갈 3:29).

4) 예수님의 속량(贖良) 사역이 있었기 때문입니다. 예수님이 십
　자가에서 피 흘려 죽으신 대가로 하나님의 자녀가 될 수 있었습
　니다.

"때가 차매 하나님이 그 아들을 보내사 여자에게서 나게 하시고 율법 아
래에 나게 하신 것은 율법 아래에 있는 자들을 속량하시고 우리로 아들의
명분을 얻게 하려 하심이라"(갈 4:4~5).

5) 예수님에 대한 믿음이 있었기 때문입니다. 예수님에 대한 믿음
　이 없었다면 결단코 하나님의 자녀 혹은 양자 됨은 없었을 것입
　니다. 예수님에 대한 믿음이 우리를 하나님의 양자가 되게 했습
　니다.

"영접하는 자 곧 그 이름을 믿는 자들에게는 하나님의 자녀가 되는 권세
를 주셨으니"(요 1:12).

"너희가 다 믿음으로 말미암아 그리스도 예수 안에서 하나님의 아들이 되
었으니"(갈 3:26).

양자 됨의 성경적 근거를 보면 두 가지로 구분됩니다. 첫째로 하
나님이 하신 일입니다. 하나님의 예정하심, 하나님의 은혜, 하나님

의 약속, 예수님의 속량 사역입니다. 둘째로는 우리가 한 일입니다. 예수님에 대한 믿음입니다.

양자 됨은 어떤 의미인가? 하는 것입니다.

1) 하나님의 자녀 혹은 양자 됨은 내가 받고 싶어서 주어지는 것이 아니라는 것입니다. 내가 할 수 있는 것은 아무것도 없습니다. 이 것은 주어지는 것이지 억지로 얻을 수 있는 것이 아닙니다. 그냥 받는 것이지 원한다고 해서 얻는 것이 아닙니다.

"너희는 다시 무서워하는 종의 영을 받지 아니하고 양자의 영을 받았으므로"(롬 8:15상).

성경은 양자가 되는 것을 '받았으므로'라고 강조합니다. 선물을 주니 받았다는 의미입니다. 양자는 받음으로 되는 것입니다.

"너희가 아들이므로 하나님이 그 아들의 영을 우리 마음 가운데 보내사 아빠 아버지라 부르게 하셨느니라"(갈 4:6).

"베드로가 이 말을 할 때에 성령이 말씀 듣는 모든 사람에게 내려오시니"(행 10:44).

"너희는 그 은혜에 의하여 믿음으로 말미암아 구원을 받았으니"(엡 2:8).

따라서 양자도 받는 것입니다. 성령도 받는 것입니다. 구원도 받는 것입니다. 하나님께서 하나님의 때에 하나님의 방식대로 하나님의 결정으로 하나님이 주시는 것입니다. 다만 우리는 반응하고 감격하고 순종하고 감사할 뿐입니다. 믿음으로 감당할 뿐입니다.

2) 놀라움 그 자체라는 것입니다. 육신적으로 좋은 부모를 만났다면 그것도 대단히 놀라운 일이지만, 하나님을 나의 아버지로 만났다면 이것은 더군다나 놀라운 일이 아닐 수 없습니다. 상상할 수 없는 일이 벌어진 것이나 마찬가지입니다.

"우리가 아빠 아버지라고 부르짖느니라"(롬 8:15하).

"아빠 아버지라 부르게 하셨느니라 그러므로 네가 이 후로는 종이 아니요 아들이니 아들이면 하나님으로 말미암아 유업을 받을 자니라"(갈 4:6하~7).

아무리 훌륭하고 좋은 부모를 만났다 할지라도 세상 육신의 아버지는 가끔씩 실망을 줄 수도 있지만 하늘 아버지는 용기와 희망과 구원을 주셨으니 얼마나 고마운 분 인지 알 수 없습니다. 하나님이 나의 아버지가 되었다는 것은 너무나 좋은 일입니다. 너무나 충격적인 일입니다. 너무나 감격스러운 일입니다. 왜냐하면 신분이 변화되었기 때문입니다. 하늘의 유업을 받을 자격이 주어졌기 때문입니다. 우리가 하나님을 아빠, 아버지라 부르짖을 수 있다는 것은 한마디로 놀라움 그 자체입니다. 신비함과 황홀함 그 자체입니다. 심오하면서 감동 그 자체입니다. 은혜스러우며 영광스러움 그 자체입니다. 어쩌면 감당하기조차 힘든 엄청난 사건입니다. 계산할 수 없는 엄청난 사건입니다. 상상이 안 되는 엄청난 사건입니다. 하나님을 이렇게 불러봅시다. "하나님 아버지."

양자 된 자의 바른 자세는 무엇인가? 하는 것입니다.

1) 하나님을 전적으로 신뢰하고 의지하는 것입니다. 하나님의 자녀로서 선택되어 양자가 되었다면 이제는 더 이상 다른 것을 신뢰하고 의지할 필요가 없습니다. 하나님이 절대자이신 것을 안다면 오로지 기쁨과 감사가 넘쳐날 뿐입니다.

"여호와를 경외하는 자들아 너희는 여호와를 의지하여라 그는 너희의 도움이시요 너희의 방패시로다"(시 115:11).

"그런즉 너희는 먼저 그의 나라와 그의 의를 구하라 그리하면 이 모든 것을 너희에게 더하시리라"(마 6:33).

2) 하나님께 영광 돌리는 삶을 사는 것입니다. 하나님의 자녀로 살

게 되었다는 것은 실로 엄청난 사건입니다. 이에 평생을 하나님의 영광을 위한 삶을 산다면 이것보다 귀한 삶은 없을 것입니다.

"이같이 너희 빛이 사람 앞에 비치게 하여 그들로 너희 착한 행실을 보고 하늘에 계신 너희 아버지께 영광을 돌리게 하라"(마 5:16).

"그런즉 너희가 먹든지 마시든지 무엇을 하든지 다 하나님의 영광을 위하여 하라"(고전 10:31).

3) 하나님 앞에서 거룩하고 구별된 삶을 사는 것입니다. 하나님의 자녀로, 하나님의 양자가 되었다면 당연히 하나님의 양자 된 모습을 보여 주어야 합니다. 양자가 된 이후 양자가 되기 전과는 다른 모습이 되는 것은 지극히 합당합니다.

"그런즉 사랑하는 자들아 이 약속을 가진 우리는 하나님을 두려워하는 가운데서 거룩함을 온전히 이루어 육과 영의 온갖 더러운 것에서 자신을 깨끗하게 하자"(고후 7:1).

"하나님을 따라 의와 진리의 거룩함으로 지으심을 받은 새 사람을 입으라"(엡 4:24).

4) 기도와 말씀으로 하나님과 항상 교통하는 것입니다. 하나님의 자녀, 하나님의 양자가 해야 할 일은 하나님과 친밀해지는 일입

니다. 기도와 말씀은 하나님과 친밀해질 수 있는 대표적인 것들입니다.

"구하라 그리하면 너희에게 주실 것이요 찾으라 그리하면 찾아낼 것이요 문을 두드리라 그리하면 너희에게 열릴 것이니"(마 7:7).

"이로 보건대 율법은 거룩하고 계명도 거룩하고 의로우며 선하도다"(롬 7:12).

5) 하나님 나라의 완성을 간절히 소망하는 것입니다. 개인적으로, 가정적으로, 교회적으로 이 땅 위에 하나님 나라가 속히 이루어지기를 소망해야 합니다.

"나라가 임하시오며 뜻이 하늘에서 이루어진 것 같이 땅에서도 이루어지이다"(마 6:10).

육신적으로 살아 육신의 아버지만 알았던 우리가 어느 날 갑자기 하나님을 믿고 구원받아 하나님을 아버지라 부를 수 있다는 것은 엄청나게 놀라운 일입니다. 삶에 있어 이처럼 대단한 일은 없을지도 모릅니다. 어떻게 우리가 보이지 않는 하나님을 아버지로 부를 수 있겠습니까? 그것은 오직 믿음으로 가능합니다. 믿음으로 충만하고, 믿음으로 세상을 바라보면 하나님을 아버지로 부르는 것은 지극히 당연합니다. 믿음이 있기에 하나님 자녀로, 다시 말해 하나님의 양자(養子) 되었음을 알 수 있는 것입니다. 그러므로 하나님의 양자 된 그리스도인은 이 세상 누구보다도 다른 삶을 살아야 합니다. 먼저 희망을 갖고 기쁜 마음으로 살아야 합니다. 그리고 분명한 확신을 갖고 흔들림이 없는 삶을 살아야 합니다. 마지막으로 믿음으로 기도하고, 믿음으로 말씀에 초점을 맞추며 귀하게 살아야 합니다.

66

하나님께서 양자로 우리를 받아주시는 것은
하나님께서 우리를 그의 가족으로 받아들이는
하나님의 법적인 조치입니다.
우리를 법적인 방식을 통해서 양자로 받아들이는 분이
하나님 자신이기 때문에 그 행동은 번복될 수 없는,
결코 변할 수 없는 조치라는 것입니다.

99

"성령이 친히 우리의 영과 더불어
우리가 하나님의 자녀인 것을 증언하시나니."

– 롬 8:16

16장

성령의 역할

강영안 서강대 철학과 명예교수께서 쓰신 '철학자의 신학 수업(복
있는사람, p.41-43)'이라는 책을 보면 이런 글이 있습니다.

"파스칼은 '팡세'에서 '한 사람'의 모습을 그리고 있습니다. 그 사람은 누
가 이 세상에 자신을 두었는지, 이 세상은 어떤 세상인지, 자신이 어떤 존
재인지 알지 못합니다. 그가 보는 것은 무시무시한 우주 공간뿐입니다.
왜 이 시점에, 광대한 우주 공간 한구석에 자기가 있는지 그는 도무지 알
지 못합니다. 자신이 어디에서 왔는지, 어디로 가고 있는지도 모릅니다.

다만 확실하게 알고 있는 것은 머지않아 그가 틀림없이 죽게 되리라는 사
실뿐입니다. 이 세상을 벗어나면 영원한 무에 빠지거나 성난 신의 품속에
떨어지게 되리라는 예상만 할 뿐, 이 두 가지 조건 가운데 어떤 조건이 자
신을 기다리고 있는지 그는 알지 못합니다. 그럼에도 자신에게 일어날 일
을 알아보거나 생각하지 않고 현재 주어진 대로 살아감이 좋다는 결론을

스스로 내립니다.

파스칼은 이 사람에게 큰 분노를 느낍니다. 왜냐하면 인간에게는 자신의 상태, 자신의 영원만큼 중요한 문제가 없건만 영원한 비참함에 떨어질 위험의 상황에도 무관심할 수 있다는 것은 도무지 자연스러운 일이 아니라고 생각했기 때문입니다.

그런데 인간이라 해도 모두 같은 인간은 아닙니다. 하나님을 찾는 것과 관련해서 파스칼은 인간을 세 종류로 나눕니다. 하나님을 발견하고 하나님을 섬기는 사람, 하나님을 발견하지 못해 하나님을 찾는 일에 몰두하는 사람, 하나님을 발견하지 못했을 뿐 아니라 하나님을 찾지 않으면서 살고 있은 사람. 첫 번째 사람은 분별력 있고 행복한 사람이고, 두 번째 사람은 불행하지만 분별력 있는 사람이며, 세 번째 사람은 정신 나갔을 뿐 아니라 불행한 사람이라고 파스칼은 말합니다."

그러고 보면 하나님을 찾고, 하나님을 믿는다는 것이 현실적으로 얼마나 어려운 일인지 실감할 수 있습니다. 자연스럽게 하나님을 만나고 하나님을 섬기면 그것보다 더 좋은 일은 없겠지만 실상은 그렇지 못한 것이 현실이기 때문입니다. 믿음으로 구원받는 것이 내 마음대로 할 수 있는 영역이라면 어떻게 해서든지 기회는 있을 수 있습니다. 하지만 믿음으로 구원받는 일을 내 마음대로 할 수 없다는 것이 가장 큰 문제입니다. 내가 믿은 것 같아도 하나님의 성령께서 믿게 하셨기 때문에 믿은 것이라고 고백할 수밖에 없는 것이 그리스도인의 신앙생활 아닙니까?

"우리가 항상 너희에 관하여 마땅히 하나님께 감사할 것은 하나님이 처음
부터 너희를 택하사 성령의 거룩하게 하심과 진리를 믿음으로 구원을 받
게 하심이니"(살후 2:13).

"성령이 친히 우리의 영과 더불어 우리가 하나님의 자녀인 것을 증언하
시나니"(롬 8:16).

보잘것없는 나, 초라한 나, 죄인이었던 나를 자녀 삼아 주시고 하
나님의 자녀라고 광고해 주신다니 얼마나 감사한 일입니까? 천지가
개벽 될 일이 아닙니까? 이렇게 구원받아 하나님의 자녀 된 것을 성
령이 증언하는 역할을 하신다면 성령의 또 다른 역할은 무엇일까요?

위로해 주십니다.

그리스도인으로 살아가는 것이 마냥 즐겁고 기쁜 것만은 아닙니
다. 때로 어려움도 있고 절망도 있습니다. 한숨과 눈물도 있습니다.
사람 사는 세상 속에서 생활인으로 살면서 동시에 그리스도인으로
사는 것은 결코 쉬운 일이 아니라는 것을 실감할 수 있습니다. 그럼
에도 불구하고 그리스도인들이 꾸준하게 신앙생활을 감당하는 것
은 성령의 위로하심이 있기에 감당하는 것입니다. 오늘 교회에 나

오는 것도, 오늘 예배드리는 것도, 오늘의 삶을 믿음으로 살아내는 것도 성령의 위로가 있기에 가능한 것입니다.

> "그리하여 온 유대와 갈릴리와 사마리아 교회가 평안하여 든든히 서 가고 주를 경외함과 성령의 위로로 진행하여 수가 더 많아지니라"(행 9:31).

가르쳐 주시고 생각나게 하십니다.

배움은 누구에게나 매우 소중합니다. 가르쳐 주는 누군가가 있기에 사람은 발전하고 성숙합니다. 그런데 배움은 배움 거기까지만 역할을 감당한다고 봐야 합니다. 배움 그 이상을 뛰어넘을 수 없기 때문입니다. 배움 그 이상을 뛰어넘는 창의성, 미래에 대한 희망, 도전 등은 개인의 몫이기 때문입니다. 한마디로 배우는 것과 생각나는 것은 각각 다른 영역이라는 것입니다. 그런데 구원받은 그리스도인에게는 성령께서 가르쳐주시는 은혜와 생각나게 하시는 역사가 있습니다. 놀라운 일입니다. 그러므로 그리스도인은 평생토록 믿음으로 귀한 삶만을 고집해야 합니다.

> "보혜사 곧 아버지께서 내 이름으로 보내실 성령 그가 너희에게 모든 것을 가르치고 내가 너희에게 말한 모든 것을 생각나게 하리라"(요 14:26).

진리 가운데로 인도하십니다.

세상에 진리라는 것이 왜 이렇게 많은지 모르겠습니다. 진리를 외치는 사람도 많고, 진리라고 외치는 종교도 많습니다. TV '세상에 이런 일이'라는 프로그램에 등장하는 장면입니다. 소가 목탁 소리를 냅니다. 그래서 절에서 귀한 대접을 받습니다. 불자들이 몰려와 예불을 드리며 소를 숭배합니다. 이런 일들이 현대에도 가능하다니 어처구니가 없습니다. 기가 막힐 일입니다. 하지만 그리스도인에게는 성령께서 진리가 무엇인지, 무엇이 진리인지 알게 하십니다. 변함없으신 진리를 확실하게 알게 해주시는 것은 너무나 큰 복입니다. 변하는 것은 결코 진리가 아닙니다.

"그러나 진리의 성령이 오시면 그가 너희를 모든 진리 가운데로 인도하시리니 그가 스스로 말하지 않고 오직 들은 것을 말하며 장래 일을 너희에게 알리시리라"(요 16:13).

연약함을 도우십니다.

사람이 얼마나 연약한 존재인지 알고 계십니까? 사람은 너무나 연약하기에 스스로 할 수 있는 일이 많지 않다는 것을 잘 알고 있는 존재입니다. 따라서 혼자 살아갈 수 없는 한계를 지녔기에 사람에게는 도움이 필요합니다. 생(生), 노(老), 병(病), 사(死)를 통해 이를 확인할 수 있습니다. 그럼에도 불구하고 사람의 한계를 이겨낼 수 있도록 도우시는 분이 계십니다. 그리스도인의 연약함을 절대적으로 도우시는 분이 계십니다. 그분이 바로 성령이십니다.

> "이와 같이 성령도 우리의 연약함을 도우시나니 우리는 마땅히 기도할 바를 알지 못하나 오직 성령이 말 할 수 없는 탄식으로 우리를 위하여 친히 간구하시느니라"(롬 8:26).

분별력을 주십니다.

세상살이 속에서 분별력 있게 산다는 것은 무척 어렵습니다. 세상살이가 워낙 다양하고 복잡하기 때문에 그렇습니다. 그래서 사람들은 분별력 있는 삶을 위해 여러 면에서 애쓰고 배우며 살아갑니다. 조금이라도 손해 보지 않고, 뒤처지지 않고, 실패하지 않기 위해서 말입니다. 하지만 이렇게 투자하고 노력하는 것은 분별력에 대한 지식을 쌓는 것에 불과할지도 모릅니다. 분별력에 대한 지식으로 복잡한 세상살이를 이겨내려고 하는 몸부림인지도 모릅니다. 그러나 그리스도인에게는 이와는 다른 분별력이 있습니다. 이것은 배우고 애써서 얻는 것이 아닙니다. 자연스럽게 주어지는 것입니다. 다만 그리스도인에게만 주어지는 분별력입니다. 그것이 바로 성령께서 주시는 분별력입니다. 이는 세상에 대한 영적 지혜를 말합니다. 언제 어디서나 어떤 상황에서든 필요한 것입니다.

"우리가 이것을 말하거니와 사람의 지혜가 가르친 말로 아니하고 오직 성령께서 가르치신 것으로 하니 영적인 일은 영적인 것으로 분별하느니라"(고전 2:13).

영적 은사를 주십니다.

믿음 없이 살았을 때에는 영적인 은사에 관심이 없었습니다. 신경을 전혀 쓰지 않았습니다. 세상 삶에 따른 다양한 세상 은사에 만족할 뿐이었습니다. 재주가 있다든가, 실력이 있다든가, 특별한 능력이 있다든가 하면 타고난 재능이 있다고 여겼을 뿐이었습니다. 하지만 구원받고 그리스도인이 되고 보니 영적 은사도 다양하다는 것을 알게 됐습니다. 이 모든 것을 성령께서 주신다는 것도 알게 됐습니다. 너무나 귀한 일이 아닐 수 없습니다. 그리스도인이 되었다면 자신에게 주어진 은사를 잘 활용하는 것이 중요합니다. 은사를 마음껏 활용하여 하나님이 기뻐하시는 일에 쓰임 받아야 합니다.

"어떤 사람에게는 성령으로 말미암아 지혜의 말씀을 … (중략) … 이 모든 일은 같은 한 성령이 행하사 그의 뜻대로 각 사람에게 나누어 주시는 것이니라"(고전 12:8~11).

"우리에게 주신 은혜대로 받은 은사가 각각 다르니 혹 예언이면 믿음의 분수대로"(롬 12:6~8).

이 외에도 성령의 역할이 다양하게 있지만 중요한 몇 가지를 우선적으로 살펴보았습니다. 이러한 말씀들을 볼 때 성령은 그리스도인들에게 도전도 하시고 기회도 주시는 것을 알 수 있습니다. 확신도 시켜주시고 변화도 시켜주시는 것을 실감할 수 있습니다. 조명도 하시고 경고도 하시는 것을 확인할 수 있습니다. 바라기는 그리스도인들이 성령의 역할에 충실하게 동참할 수 있기를 기대합니다. 종교 개혁자 마틴 루터(Martin Luther)는 이렇게 말했습니다.

"누구든지 인간을 영적 무지로부터 벗어나게 하여 영적 지혜를 깨닫게 하는 성령으로 말미암지 않고는 자신이 하나님의 자녀임을 믿을 수 없으며 또한 믿어지지도 않는다."

성령께서 믿게 하셔야 하나님을 아버지라 부를 수 있습니다. 만약 성령의 역할이 없었다면 일반적으로 하나님을 아버지라고 부르는 일은 결단코 일어날 수 없습니다. 그러므로 하나님을 가리켜 '아버지'라고 부르는 것은 그리스도인에게만 새롭게 부여된 놀랍고 신비스러운 특권임을 알 수 있습니다(롬 8:15). 더불어 그리스도인은 성령의 증언으로 하나님의 자녀 됨을 확신하기에 하나님을 경외합니다. 하나님을 찬양합니다. 하나님께 기도합니다. 하나님께 헌신합니다. 하나님께 예배합니다(고후 1:21~22; 5:5).

"자녀이면 또한 상속자 곧 하나님의 상속자요
그리스도와 함께 한 상속자니 우리가 그와 함께 영광을 받기 위하여
고난도 함께 받아야 할 것이니라."

– 롬 8:17

17장

하나님의 자녀이기에 받는 고난

차를 타고 달리다 보면 때때로 터널을 만나게 됩니다. 깊은 터널 속에서는 라디오도 들을 수 없고 내비게이션도 작동이 안 됩니다. 이때 세상과 단절된 느낌이 듭니다. 따라서 터널을 지날 때(고난을 지날 때) 몇 가지 지켜야 할 규칙이 있습니다.

첫째, 유리창을 닫아야 합니다. 터널 속은 차량 매연으로 오염돼 더러운 곳입니다. 콧속이 시커멓게 되거나 와이셔츠가 더러워집니다. 세상 터널(고난)을 통과할 땐 오염된 것(더러운 문제, 휘말리는 환경 등)을 막기 위해 창문을 닫고 하나님께만 신경을 집중해야 합니다.

둘째, 라이트(전조등 혹은 불)를 켜야 합니다. 터널 입구에 '라이트를 켜시오'라고 쓰여 있습니다. 어두운 터널(고난), 세상 고난을 지날 땐 빛 되신 예수 그리스도의 말씀의 불(시 119:105; 요 1:9)

을 밝혀야 합니다.

셋째, 갓길 운행, 추월 운행은 금지입니다. 터널 안 차선에는 점선이 없습니다. 모두 추월금지인 실선입니다. 터널(고난)을 지날 땐 좌우로 치우치지 말고 푯대이신 주님만을 향해 달려가야 합니다.

끝으로 터널 속에선 서면 안 됩니다. 빠른 속도로 차들이 달리기 때문에 중간에 서는 것은 사고를 자초하는 일입니다. 비행기도 가다 서면 추락합니다. 마찬가지로 터널(고난)을 통과할 땐 멈추면 안 됩니다. 터널(고난)은 동굴이 아니기에 막혀있지 않습니다. 뚫려 있습니다. 터널(고난)을 지나야 빛이 보입니다.

시편 기자는 이렇게 말합니다.

"고난 당한 것이 내게 유익이라 이로 말미암아 내가 주의 율례들을 배우게 되었나이다"(시 119:71).

'고난이 없었다면 하나님의 말씀을 몰랐을지도 모릅니다'라는 말이 있습니다. 고난이 오히려 복이 되었다는 말씀입니다. 한편 믿음으로 구원받아 하나님의 자녀가 되면 하나님의 자녀이기에 받는 고난이 있음을 명심해야 합니다. 믿음으로 말하고 행동하는 것 때문에 고난이 찾아옵니다. 세속적인 친구관계에서 오는 단절과 고독의 고난이 찾아옵니다. 주일을 지켜야 하는 것 때문에 고난이 찾아옵니다. 십일조 드리는 것과 헌금 드리는 것 때문에 고난이 찾아옵니다. 갑자기 찾아오는 질병으로 고난이 찾아옵니다. 영문도 모르는 문제로 인해 고난이 찾아옵니다. 기도와 말씀으로 살려고 애쓰면 애쓸수록 고난이 찾아옵니다.

본문은 이렇게 말씀합니다.

"자녀이면 또한 상속자 곧 하나님의 상속자요 그리스도와 함께 한 상속자니 우리가 그와 함께 영광을 받기 위하여 고난도 함께 받아야 할 것이니라"(롬 8:17).

하나님과 나 사이는 하나님의 자녀 된 사이라는 말씀입니다. 하나님을 당당하게 '아버지'라고 부를 수 있는 사이라는 말씀입니다. 그리고 보면 부모 잘 만나는 것도 복(福)입니다. 더군다나 하나님 잘 만나는 것은 엄청나게 더 큰 복입니다. 이러한 말씀을 통해 구체적으로 살펴보아야 할 것은 무엇일까요?

그리스도인은 무엇으로 하나님의 자녀가 되었는가 하는 것입니다.

1) 나의 관점에서 보면 믿음으로 되었습니다.

"영접하는 자 곧 그 이름을 믿는 자들에게는 하나님의 자녀가 되는 권세를 주셨으니"(요 1:12).

예수님은 이렇게도 말씀하십니다.

"너희가 만일 내가 그인 줄 믿지 아니하면 너희 죄 가운데서 죽으리라"(요 8:24).

이렇게 예수님을 믿는 믿음이 중요하다면 믿음이란 무엇일까요? 믿음의 근본 조건은 무엇일까요? 우선적으로 예수님을 인정하고 받아들이는 것입니다. 예수님이 누구신지, 무슨 연유로 육신의 몸을 입으시고 이 세상에 오셔서 어떻게 사셨으며, 어떤 일들을 행하셨는지 인정하고 받아들이는 것입니다. 또한 어떻게 죽으셨으며, 3일 만에 살아나셨는지, 그리고 마침내 어떻게 나의 구원자가 되셨는지 진지하게 인정하고 받아들이는 것입니다. 이렇게 하는 것이 믿음입니다.

그리고 예수님을 인정하고 받아들였다면 이제는 이런 예수님께 모든 것을 맡기는 것입니다. 마음으로 받아들이고 수용하면서 아낌없이 맡기는 것입니다. 입술의 고백과 행동하는 삶을 통해 맡기는 것입니다. 구원이 무엇인지도 모르고 비참하게 죽을 수밖에 없었을 나를 구원하신 예수님을 생각하면 구원자 되시는 예수님께 맡기지 못할 일은 없습니다. 예수님이 누구인지 분명하게 알았다면 예수님께 맡기는 것은 지극히 자연스러운 현상입니다. 이렇게 예수님께 모든 것을 맡기는 것을 믿음이라고 말합니다.

이와 같이 참된 믿음에는 예수님을 인정하고 받아들이는 것과 예수님께 모든 것을 맡기는 것이 함께 공존합니다. 수학 문제를 풀듯이 구체적으로 설명할 수는 없지만 신비한 일이 아닐 수 없습니다. 이렇게 될 때 성숙한 믿음으로 나아갈 수 있고, 우리의 믿음은 더욱 넓고 큰 믿음으로 승화될 수 있습니다. 이러한 믿음이 결국에는 감사, 기쁨, 찬양, 순종 등의 행위로 나타납니다. 그러므로 믿음이 있으면 행위로 나타나고, 믿음의 행위가 있으면 믿음이 있다고 봐야 합니다. 믿음과 행위는 떨어질 수 없는 하나입니다. 동전의 양면과 같습니다.

2) 하나님의 관점으로 보면 하나님의 뜻으로 되었습니다.

"이는 혈통으로나 육정으로나 사람의 뜻으로 나지 아니하고 오직 하나님께로부터 난 자들이니라"(요 1:13).

"그가 그 피조물 중에 우리로 한 첫 열매가 되게 하시려고 자기의 뜻을 따라 진리의 말씀으로 우리를 낳으셨느니라"(약 1:18).

놀라운 말씀이 아닐 수 없습니다. 하나님의 뜻으로 하나님의 자녀가 되었다니 기적 중의 기적이 아닐 수 없습니다. 하나님의 도우심이 없었다면 어찌 되었을까를 생각해 보면 아찔할 뿐입니다. 그 무엇으로도 표현할 방법은 없지만 분명한 것은 하나님의 은혜가 있었다는 사실입니다. 하나님의 직접적인 따뜻한 손길이 있었다는 것입니다. 만입이 있다고 한들 오직 감사만 있을 뿐입니다. 그렇다면 궁금한 것은 왜 하나님의 자녀가 되게 하셨을까 하는 것입니다. 하나님께서는 무엇 때문에 우리를 하나님의 자녀로 삼으셨을까요?

성경은 한마디로 이렇게 말씀합니다.

"너희가 정욕 때문에 세상에서 썩어질 것을 피하여 신성한 성품에 참여하는 자가 되게 하려 하셨느니라"(벧후 1:4).

우리가 정욕(탐심, 욕심) 때문에 세상에서 썩어질 인생, 썩어질 삶만 살다가 불행해질까 봐 우리를 그런 속박에서 피하게 하기 위해, 신성한 성품(벧후 1:5~7 - 믿음, 덕, 지식, 절제, 인내, 경건, 형제 우애, 사랑)으로 살게 하기 위해 하나님의 자녀로 삼으셨습니다. 이런 귀한 말씀을 생각하면 할수록 하나님의 자녀 된 것은 커다란 신비인 것을 발견합니다. 우리의 이해를 초월하는 것임을 알게 됩니다. 너무나 엄청난 사실 앞에 감격하게 됩니다. 아무나 감당할 수 없는 특권임을 알기에 놀라게 됩니다. 만약 우리가 하나님의 자녀가 되지 않았다면 결국에는 불행해졌을지 모릅니다. 인생 실패자가 됐을지도 모릅니다. 비참함을 맛보았을지도 모릅니다. 수치를 당했을지도 모릅니다. 임박한 하나님의 진노를 피하지 못했을지도 모릅니다. 지옥에 갈 수밖에 없었을지도 모릅니다.

"너희가 그리스도의 것이면 곧 아브라함의 자손이요 약속대로 유업을 이을 자니라"(갈 3:29).

하나님의 자녀(양자)로서 주어진 특권은 무엇인가 하는 것입니다.

1) 하나님께서 약속하신 모든 것들은 절대적으로 안전하다는 것입니다. 상대적으로 사람들과의 약속은 불안합니다. 사람들은 수시로 변덕을 부립니다. 자주 흔들립니다. 그래서 영수증을 주고받습니다. 도장을 찍습니다. 증거를 확보합니다. 그러나 하나님의 약속은 절대적으로 믿을 만하다는 것을 알아야 합니다.

"하나님의 종이요 예수 그리스도의 사도인 나 바울이 사도 된 것은 하나님이 택하신 자들의 믿음과 경건함에 속한 진리의 지식과 영생의 소망을 위함이라 이 영생은 거짓이 없으신 하나님이 영원 전부터 약속하신 것인데"(딛 1:1~2).

"하나님은 거짓말을 하실 수 없기 때문에 그분이 하신 약속과 맹세는 절대로 변할 수 없습니다. 그러므로 우리 앞에 있는 희망을 붙들려고 피난처를 향해 가는 우리는 큰 용기를 얻습니다"(히 6:18, 현대인의 성경).

믿음, 진리, 영생(영원한 생명), 부활, 천국 등은 하나님께서 하나님의 자녀들에게 약속하신 것들이기에 절대적으로 안전합니다.

2) 하나님께서 베푸시는 배려(위로, 보호, 확신, 지키심 등)는 앞으
로도 계속된다는 것입니다. 육신의 아버지(부모)는 배려에 있어
순간적인 경우가 많습니다. 일관성의 결여로 상처를 주기도 합니
다. 감정의 기복이 심하여 수시로 바뀌는 경우가 허다합니다. 변
덕을 밥 먹듯이 하기도 합니다. 행동과 태도를 때로는 예의주시
하기도 해야 합니다. 하지만 하나님은 한 번 자기 자녀가 되면 끝
까지 책임져주시고 배려하십니다. 끝까지 보호하시고 지켜주십
니다. 한마디로 하나님의 배려는 앞으로도 계속된다는 것입니다.

"너희 안에서 착한 일을 시작하신 이가 그리스도 예수의 날까지 이루실 줄
을 우리는 확신하노라"(빌 1:6).

"내가 그들에게 영생을 주노니 영원히 멸망하지 아니할 것이요 또 그들을
내 손에서 빼앗을 자가 없느니라"(요 10:28).

"너희는 말세에 나타내기로 예비하신 구원을 얻기 위하여 믿음으로 말미
암아 하나님의 능력으로 보호하심을 받았느니라"(벧전 1:5).

하나님의 자녀이기에 받는 고난이란 무슨 의미인가 하는 것입니다.

1) 그리스도인이 당하는 고난은 그리스도에게 붙어있기 때문에(그
리스도 안에 속해 있기 때문에) 당하는 고난이라는 말입니다. 그

리스도인들이 사회생활 속에서, 직장에서, 이웃들로부터 혹은 어떤 공동체에서 고난을 당하는 것은 하나님의 자녀라는 가장 확실한 증거가 됩니다. 어쩌면 이것은 진짜 그리스도인, 하나님의 자녀이기 때문에 당하는 고난입니다.

고난은 초대교회의 가장 어렵고도 심각한 문제였습니다. 마찬가지로 이 고난은 오늘날의 현대 그리스도인들에게도 당면한 가장 큰 문제입니다. 이 시대 그리스도인들은 신앙의 삶이 곧 고난이라는 것을 항상 염두에 두어야 합니다. 예수님도, 사도들도, 사도 바울도, 초대교회 성도들도, 신앙을 지키기 위해 몸부림쳤던 신실한 그리스도인들도 모두 고난을 겪었고 겪고 있음을 알아야 합니다.

"사람들이 나를 박해하였은즉 너희도 박해할 것이요"(요 15:20).

"또 우리가 하나님의 나라에 들어가려면 많은 환난을 겪어야 할 것이라 하고"(행 14:22).

"무릇 그리스도 예수 안에서 경건하게 살고자 하는 자는 박해를 받으리라"(딤후 3:12).

2) 그리스도인이 당하는 고난은 영광을 받기 위한 준비라는 말입니다. 진짜 그리스도인이라면 남녀노소를 불문하고 확실히 고난을 받습니다. 비웃음을 받습니다. 인격이 무참히 훼손당합니다. 이

유 없이 미움을 받습니다. 부당한 대우를 받습니다. 이것은 그리
스도인으로서 그리스도 안에 있다는 것을 확실하게 증명하는 모
습입니다. 절대적인 증거이기도 합니다. 그럼에도 불구하고 시련
과 고통을 통해 예수 그리스도를 배우게 됩니다. 시련과 고통으
로 말미암아 감사를 알아가게 됩니다. 시련과 고통은 영광을 맛
보게 하는 통로가 됩니다(롬 8:17).

"우리가 잠시 받는 가벼운 고난은 그 무엇과도 비교할 수 없는 크고 엄
청난 영원한 영광을 우리에게 가져다 줄 것입니다"(고후 4:17, 현대인
의 성경).

"그러므로 너희가 이제 여러 가지 시험으로 말미암아 잠깐 근심하게 되지
않을 수 없으나 오히려 크게 기뻐하는도다 너희 믿음의 확실함은 불로 연
단하여도 없어질 금보다 더 귀하여 예수 그리스도께서 나타나실 때에 칭
찬과 영광과 존귀를 얻게 할 것이니라"(벧전 1:6~7).

폴리캅(Polycap. A.D 69~155)의 순교 이야기입니다. 대안식일
(The Great Sabbath) 오후 2시쯤 한 백발의 노인이 화형대 위에
서 하늘을 우러러 기도하고 있었습니다. "오늘 이 순간 나를 귀하
게 여기셔서 수많은 순교자의 반열에 세우시고, 영혼과 육체가 영
원한 생명으로 부활하도록 그리스도의 잔에 참여하게 하시니 당신
앞에 기름지고 살진 번제가 되게 하옵소서. … (중략) … 아멘"(유

세비우스의 '교회사').

안토니우스 피우스 황제 시대 서머나에서는 10여 일간 기독교인들에 대한 참혹한 박해가 있었습니다. 굶주린 사자들이 먹잇감을 기다리고 있던 원형 경기장에서는 게르마니쿠스를 비롯한 수많은 신자들의 팔다리, 창자와 오장육부가 여기저기 쓰레기처럼 아무렇게나 널려 있었고, 대지는 축축하게 피에 젖은 채 피비린내를 풍기고 있었습니다.

폴리캅은 체포될 때 너무도 의연하고 거룩한 모습으로 병사들에게 식탁을 베풀어주고, 식사가 끝날 때까지 평생 섬겼던 하나님께 조용히 기도를 올리고 있었습니다. 총독은 폴리캅에게 이제 고령이지 않느냐, 그리스도를 부인하고 로마 황제를 경배하라고 설득했습니다. 폴리캅은 그러나 "86년간 그분을 섬겼으나 나에게 한 번도 고통을 준 적이 없는 나의 왕을 어찌 모독할 수 있단 말이냐"고 대답하고 꿈에도 그리던 영원한 나라로 당당하게 걸어갔습니다. 이처럼 하나님의 자녀이기에 받는 고난이 있음을 알아야 합니다. 그럼에도 불구하고 믿음으로 넉넉하게 이겨내야 합니다. 이것이 하나님 자녀의 자세입니다.

66

참된 믿음에는 예수님을 인정하고 받아들이는 것과
예수님께 모든 것을 맡기는 것이 함께 공존합니다.
수학문제를 풀듯이 구체적으로 설명할 수는 없지만
신비한 일이 아닐 수 없습니다.
이렇게 될 때 성숙한 믿음으로 나아갈 수 있고,
우리의 믿음은 더욱 넓고 큰 믿음으로 승화될 수 있습니다.

99

"생각하건대 현재의 고난은
장차 우리에게 나타날 영광과 비교할 수 없도다."

– 롬 8:18

18장

고난에 대한 대처

인생살이에는 누구에게나 넘어야 할 담이 있습니다. 담을 고난이라고 바꾸어 적용해 보면 우리 앞에도 우리를 가로막고 있는 질병, 가난, 실패, 불행, 역경 같은 담이 있습니다. 이런 장벽 앞에 섰을 때 사람들은 힘들어하고 괴로워합니다. 그리하여 좌절과 실의에 빠집니다. 엘리야가 로뎀나무 아래 쓰러져 죽기를 구한 것도 바로 그 때문입니다.

요셉에게도 형들의 시기, 노예생활과 투옥생활로 인한 담이 있었습니다. 그러나 요셉은 자기를 가로막고 있는 담 앞에서 결코 좌절하지 않았습니다. 그 이유는 하나님께서 그에게 힘이 되어 주셨기 때문입니다.

어린 시절부터 소아마비와 천식으로 고생하던 시어도어 루즈벨트가 그 질병의 담을 뛰어넘어 미국을 살린 정치 지도자가 된 것은 하나님을 믿으면 장애가 도리어 기회가 될 것이라는 아버지의 권면 때문이었습니다.

하나님께서 동물을 만드실 때 새들은 불만이 많았습니다. 다른 동물은 튼튼한 다리가 넷인데, 자기들에게는 가느다란 다리 둘뿐이었기 때문입니다. 더군다나 등에는 거추장스러운 짐까지 두 개나 달렸으니 얼마나 힘들었겠습니까? 이때 하나님께서 말씀하셨습니다. "그 짐을 활짝 펴서 창공을 맘껏 날아보아라."

고난은 개인의 특별한 경험이 아닙니다. 고난은 누구나 맛보는 아주 보편적인 경험입니다. 인생의 장벽 앞에서 왜 좌절하지 말아야 합니까? 그것은 우리에겐 담을 뛰어넘게 하시는 하나님이 계시기 때문입니다. 주 안에서 현재는 고난이 있을지라도 미래에는 영광이 있기 때문입니다. 그러므로 고난은 그리스도인들이 이 땅 위에서 통과해야 할 과정입니다. 꼭 경험해야 할 절차입니다. 누구에게나 필요한 성숙을 위한 단계입니다. 배고픔의 고난을 겪어봐야 한 끼 양식이 얼마나 소중한지 압니다. 가난의 고난을 겪어봐야 열심히 산다는 것이 얼마나 소중한지 압니다. 질병의 고난을 겪어봐야 건강이 얼마나 소중한지 압니다. 광야의 고난, 고통의 고난, 고독의 고난을 겪어봐야 삶이, 생명이, 구원이 얼마나 소중한지 압니다.

대가라고 불리는 사람들, 성공한 사람들, 이름을 드높이는 운동

선수들을 관찰해 보면 답은 분명해집니다. 이들의 영광스러움은 혹독한 고난과도 같은 연습과 훈련이 있었기에 가능했다는 사실입니다.

> "생각하건대 현재의 고난은 장차 우리에게 나타날 영광과 비교할 수 없도다"(롬 8:18).

현재는 고난, 미래는 영광이라는 말씀은 귀하면서도 신비로운 말씀입니다. 이해하기는 몹시 어렵지만 희망을 갖게 하는 분명한 메시지입니다. 신앙생활에도 공짜는 없다는 강력한 증거입니다. 이러한 상황 속에서 그리스도인은 고난에 대해 어떻게 대처해야 할까요?

그리스도인은 고난을 당할 때 놀라지 말아야 합니다.

초대교회 당시에도 고난은 혹독하게 있었습니다. 그리스도인을 향한 핍박과 교회를 향한 핍박은 여러 모양과 방면에서 끊임없이 존재했습니다(행 17:13, 18:5~6, 21:27~36). 오고 가는 수많은 시대 속에서도, 오늘날 현재라는 현실 속에서도 국가와 민족과 지역에서 여전히 고난은 일어나고 있습니다. 예수 그리스도를 믿는다는 한 가지 이유만으로 그리스도인들은 이 땅 위에서 사는 동안 이런저런 미움과 시기와 질투와 업신여김과 불친절과 불이익을 당할 수 있습니다. 이것을 가리켜 현재의 고난이라고 말합니다.

"우리가 그와 함께 영광을 받기 위하여 고난도 함께 받아야 할 것이니라"(롬 7:17).

"우리가 하나님의 나라에 들어가려면 많은 환난을 겪어야 할 것이라 하고"(행14:22).

그러므로 그리스도인은 고난을 당할 때 담대해야 합니다. 당연한 것으로 여겨야 합니다. 하나의 거쳐야 할 과정이라고 생각해야 합니다. 훈련이라고 보아야 합니다. 따라서 그리스도인은 고난을 당하고 고난을 경험해도 놀라지 말아야 합니다.

그리스도인은 고난을 당할 때 흔들리지 말아야 합니다.

사도 바울은 이렇게 당부합니다. 귀 기울여 들어보겠습니다.

"그러므로 내 사랑하는 형제들아 견실하며 흔들리지 말고 항상 주의 일에 더욱 힘쓰는 자들이 되라 이는 너희 수고가 주 안에서 헛되지 않은 줄 앎이라"(고전 15:58).

그리스도인은 고난을 당할 때 불안해하지 말아야 합니다. 고민하지 말아야 합니다. 의심하지 말아야 합니다. 이것이 얼마나 어려운 일인지 잘 알고 있지만 그럼에도 불구하고 이 모든 것들을 이겨내야 합니다. 결코 흔들리지 말아야 합니다. 그리스도인은 고난 때문에 흔들려서는 안 됩니다. 특별히 더욱더 흔들려서는 안 되는 것이 있습니다. 복음에 대해서 흔들려서는 안 됩니다. 진리에 대해서 흔들려서는 안 됩니다. 천국에 대해서 흔들려서는 안 됩니다. 구원에 대해서 흔들려서는 안 됩니다. 영생에 대해서 흔들려서는 안 됩니다. 부활에 대해서 흔들려서는 안 됩니다. 하나님의 사랑과 능력에 대해서 흔들려서는 안 됩니다.

> "의를 위하여 박해를 받은 자는 복이 있나니 천국이 그들의 것임이라 나로 말미암아 너희를 욕하고 박해하고 거짓으로 너희를 거슬러 모든 악한 말을 할 때에는 너희에게 복이 있나니 기뻐하고 즐거워하라 하늘에서 너희의 상이 큼이라"(마 5:10~12).

그리스도인은 고난을 당할 때 고난이 언젠가 사라질 것이라고 생각하지 말아야 합니다.

그리스도인에게 고난은 앞으로도 계속될 것입니다. 거듭해서 줄기차게 다가올 것입니다. 언제나 가까이 접근해 있을 것입니다. 성경은 결코 세상이 점차 완벽해진다고 말하지 않습니다. 사람들이 점점 더 훌륭해지고 사랑이 많아질 것이라고 말하지 않습니다. 삶이 더욱더 쉬워지고 편안해질 것이라고 말하지 않습니다. 전쟁이 그치고 평화가 지속될 것이라고 말하지 않습니다. 풍요롭고 건강한 사회가 될 것이라고 말하지 않습니다. 가난하고 고통받는 사람들이 사라질 것이라고 말하지 않습니다.

"너는 이것을 알라 말세에 고통하는 때가 이르러 사람들이 자기를 사랑하며 돈을 사랑하며 자랑하며 교만하며 비방하며 부모를 거역하며 감사하지 아니하며 거룩하지 아니하며 무정하며 원통함을 풀지 아니하며 모함하며 절제하지 못하며 사나우며 선한 것을 좋아하지 아니하며 배신하며 조급하며 자만하며 쾌락을 사랑하기를 하나님 사랑하는 것보다 더하며"(딤후 3:1~4).

이 말씀들은 인생과 인생살이를 정확하게 묘사하고 표현한 충격적인 말씀입니다. 세상은 더 나아지고 좋아지는 것이 아니라 더 신음하고, 더 살벌하고, 더 삭막하고, 더 치열하게 경쟁하며 살게 될 것을 말합니다. 그러므로 고난은 앞으로 계속될 것입니다.

언제나 우리가 순간적으로 놓치지 말아야 할 문제는 대부분의 많은 사람이 그리스도인이 되는 순간 더 이상 고난과 시련과 역경과 어려움 등이 절대적으로 없을 것이라고 여기는 것입니다. 예를 들면 다음과 같습니다. 질병도 사라질 것이라고 생각합니다. 실패도 없을 것이라고 생각합니다. 아픔도 당하지 않을 것이라고 생각합니다. 고통도 경험하지 않을 것이라고 생각합니다. 어려움은 풀릴 것이라고 생각합니다. 상처는 깨끗하게 치료될 것이라고 생각합니다.

물론 그리스도인이 되면 하나님의 은혜로 해결될 것은 자연스럽게 해결됩니다. 그럼에도 불구하고 고난은 항상 언제나 어디에나 있다는 것을 놓치지 말아야 합니다. 육신의 몸을 입고 있는 한 결코 고난을 벗어날 수 없다는 것을 분명하게 알아야 합니다. 하지만 이러한 고난도 잠시 잠깐이고, 일시적인 것이고, 하찮은 것에 지나지 않는다는 것을 사도 바울은 강조합니다. 비록 고난이 상존하지만 이런 고난은 우리가 잠시 받는 가벼운 고난이라고 말씀합니다.

"우리가 잠시 받는 가벼운 고난은 그 무엇과도 비교될 수 없는 크고 엄청난 영원한 영광을 우리에게 가져다 줄 것입니다. 그래서 우리는 보이는 것을 바라보지 않고 보이지 않는 것을 바라봅니다. 보이는 것은 잠깐이지만 보이지 않는 것은 영원하기 때문입니다"(고후 4:17~18, 현대인의 성경).

청주 주님의교회를 목회하셨던 주서택 목사는 이렇게 말했습니다.

"이해할 수 없는 고통과 아픔을 만나면 마음속에는 끊임없이 질문이 쏟아집니다. '왜 이런 일이 내게 일어난 것일까. 왜 내가 이런 억울한 일을 당해야 한단 말인가. 내게 무슨 잘못이 있기에 이런 일을 당해야 한단 말인가. 왜?' 이렇게 혼란에 빠진 마음은 어떤 대답을 들어도 만족함이 없습니다. '왜'에 대한 답변을 요구할수록 오히려 피해의식과 하나님에 대한 불신에 사로잡힐 수 있습니다. 인생 여정에서 닥쳐오는 고난의 원인은 어느 누구도 온전히 알 수 없습니다.

그러므로 '왜'에 대한 답변이 미완성일지라도 그다음의 질문, '어떻게'로 넘어가야 합니다. '주님, 이 상황 속에서 내가 어떻게 해야 합니까? 내가 해야 할 역할은 무엇입니까?' 위대한 사람들의 공통점은 고난 앞에서도 주님을 신뢰하며 '왜' 대신 '어떻게'를 선택했다는 점입니다. 하나님은 모든 것을 보고 계시며 다스리는 분이십니다. 그 하나님을 신뢰하고 '왜'를 '어떻게'로 바꾸어야만 혼란의 터널을 빠져나갈 수 있습니다."

이렇게 그리스도인으로 고난을 잘 대처하고 이겨내면 장차 우리가 받을 영광은 놀라움 그 자체가 될 것입니다. 인간으로서 상상하기 어려울 정도의 영광이 기다리고 있다는 것을 생각만 해도 너무나 귀하지 않습니까? 이 세상의 그 어떤 것으로도 따라올 수 없는 영광, 그 영광은 엄청난 상급임을 알아야 합니다. 우리가 받는 고난은 하찮은 것에 지나지 않으며 받을 영광을 생각하면 비교할 수 없을 정도입니다. 의의 면류관(딤후 4:8), 생명의 면류관(약 1:12), 영광의 면류관(벧전 5:4), 새 하늘과 새 땅(계 21:1~7) 등이 그렇습니다. 바라기는 그리스도인으로서 고난에 대한 대처를 잘 할 수 있는 하늘의 신령한 지혜를 얻기를 소망합니다. 할렐루야!

"피조물이 고대하는 바는 하나님의 아들들이 나타나는 것이니
피조물이 허무한 데 굴복하는 것은 자기 뜻이 아니요 오직 굴복하게
하시는 이로 말미암음이라 그 바라는 것은 피조물도 썩어짐의
종 노릇 한 데서 해방되어 하나님의 자녀들의 영광의 자유에 이르는
것이니라 피조물이 다 이제까지 함께 탄식하며 함께 고통을 겪고
있는 것을 우리가 아느니라 그뿐 아니라 또한 우리 곧 성령의
처음 익은 열매를 받은 우리까지도 속으로 탄식하여 양자 될 것 곧
우리 몸의 속량을 기다리느니라."

– 롬 8:19~23

19장

탄식

신앙생활이란 무엇일까요? 사도 바울은 그 핵심을 이렇게 말씀합니다.

"우리가 다 하나님의 아들을 믿는 것과 아는 일에 하나가 되어 온전한 사람을 이루어 그리스도의 장성한 분량이 충만한 데까지 이르리니"(엡 4:13).

사도 바울은 예수님을 믿는 것과 아는 것이 하나가 되는 것이 신앙생활이라고 말합니다. 그러한 신앙생활을 통해 온전한 사람이 되어 가고 또한 그리스도의 장성한 분량이 충만한 사람이 된다고 말합니다. 믿는 것과 아는 것이 하나가 될 때 한마디로 그리스도인다운 그리스도인이 된다는 말입니다. 요약하면 이렇습니다. "믿으면 알게 되고, 알게 되면 믿는다."

그러므로 먼저 믿어야 합니다. 믿음이 있어야 합니다. 물론 믿음에는 인정하고 받아들이는 것과 맡기는 것이 필수조건입니다. 이것이 믿음입니다. 그리고 알아야 합니다. 알지 못하면 자랄 수 없습니다. 성숙할 수가 없습니다. 교회를 오래 다녔다고 믿음이 자라는 것이 아닙니다. 믿음과 함께 말씀을 바로 알아야 그리스도인답게 되는 것입니다. 지금 이 시대는 믿음과 아는 것이 불균형적입니다. 믿음을 강조하면 아는 것이 약해지고, 아는 것을 강조하면 믿음이 약해지는 시대를 살아가고 있지 않나 하는 마음이 들기 때문입니다.

언제나 믿음과 아는 것이 하나가 되는 신앙생활을 추구해야 합니다. 믿음으로 알아가고, 아는 것에 믿음을 더하는 신앙생활이 온전한 그리스도인, 충만하여 차고 넘치는 그리스도인이 되게 하는 것입니다. 오늘 말씀을 통해서도 믿음이 커지고 앎이 확장되는 시간이 되기를 소망합니다.

공(ball)들이 모여 자기 신세를 한탄하기 시작했습니다. 배구공이 먼저 말을 꺼냈습니다. "난 무슨 잘못을 했길래 허구한 날 따귀만 맞는지 모르겠다. 나는 정말 매일 죽고 싶어." 그러자 축구공이 말했습니다. "넌 그래도 다행이다. 난 맨날 발로 까이는데, 발로 한 번 차여봐. 진짜 기분 나쁘다구."

가만히 눈치를 보던 꼬마 탁구공이 끼어들었습니다. "야, 나는 매일 무슨 밥주걱 같은 걸로 위에서 사정없이 내리치고, 옆으로 후려

치고, 위로 쳐올리고, 정신이 하나도 없다. 아주 죽을 맛이다." 그러자 옆에 있던 야구공이 한마디 했습니다. "너희들 몰랐지? 사실 나는 매일 몽둥이로 쥐어터진다구. 이따금 실밥도 터지고……. 어휴, 내가 말을 하지 말아야지." 공들의 얘기를 잠잠히 듣고 있던 골프공이 입을 열었습니다. "너네들 쇠몽둥이로 맞아봤냐. 쇠몽둥이 진짜 아프다."

그러자 다른 공들은 아무 말도 못 하고 골프공의 말에 위로를 받았다고 합니다. 살다보면 누가 '나 죽겠네' 라고 말해도 지금 내가 가장 힘든 사람인 것처럼 여겨질 때가 많습니다. 그러나 사실 주위를 둘러보면 나보다 더 힘든 사람도 많습니다. 돈이 없어 하루 끼니를 걱정해야 하는 사람, 직장이 없어 전전긍긍하는 사람, 면접에서 번번이 떨어지는 사람, 질병으로 고통스러워하는 사람, 사고로 가족을 잃은 사람, 전쟁으로 파괴되고 상처를 받고 혼란스러운 가운데 난민이 된 사람, 죽음의 문턱을 드나드는 사람 등입니다.

이것이 삶의 현실이고, 삶에서 터져 나오는 탄식들입니다. 한 가지 분명한 것은 나보다 더 탄식 속에 있는 사람도 많지만 모두 다 한결같이 탄식하며 살아간다는 것입니다. 모두가 한결같습니다. 예외는 없습니다. 오늘 본문 말씀의 핵심은 피조물입니다. 그런데 이 말씀은 이 피조물이 하나같이 탄식한다는 것을 보여줍니다. 탄식하는 목소리를 들려줍니다. 그렇다면 피조물의 현재 상황이 어떻다는 것일까요?

고대하고 있음을 알 수 있습니다.

"피조물이 고대하는 바는"(롬 8:19).

고대한다는 말은 문자적으로 '목을 뽑아 바라본다'는 뜻입니다. 고개를 길게 빼고 앞을 쳐다보는 것을 말합니다. 강렬하게, 열렬하게, 열심히 기대하며 기다리고 있다는 말입니다. 지금은 힘들고 어려워도 언젠가는 맞이할 기쁨을 위해 잔뜩 기대하고 있음을 보여줍니다. 다시 말해 피조물이 영광스러운 날을 고대하고 있다는 말입니다. 원래 창조된 상태로 회복되는 날을 얼마나 열망하고 기대하고 있는지를 알 수 있는 말씀입니다(창 1, 2장).

간절함을 알 수 있습니다.

"그 바라는 것은 피조물도 썩어짐의 종 노릇 한 데서 해방되어"(롬 8:21).

얼마나 간절한지는 '해방되어'라는 말을 통해 짐작할 수 있습니다. 피조물들도 쓸데없는 것, 헛된 것, 텅 빈 것, 다시 말해 썩어질 것들에서 간절하게 해방되고 싶다는 말입니다. 좀 더 예를 들면 자연 파괴에서 해방되고 싶어 합니다(도로 건설, 도시개발, 지하자원 개발 등). 각종 오염으로부터 해방되고 싶어 합니다(공장 매연, 자동차 매연, 각종 쓰레기, 오물 등). 인간의 손길에서 해방되고 싶어 합니다(농약살포, 실험도구, 동, 식물 대량 사육, 인위적인 유전자 조작 등).

탄식하고 있음을 알 수 있습니다.

"피조물이 다 이제까지 함께 탄식하며 함께 고통을 겪고 있는 것을 우리가 아느니라"(롬 8:22).

탄식한다는 말은 힘들다는 뜻입니다. 고통스럽다는 뜻입니다. 죽을 지경이라는 뜻입니다. 무엇인가는 해야 하는데 아무리 생각해 봐도 할 수 없는 처지가 되었을 때 탄식이 나옵니다. 이것은 신음소리이기도 하고 절규이기도 한 것입니다. 굉장히 절망적이라는 의미입니다. 피조물이 탄식하는 것은 그만큼 피조 세계가 병들었고 아파하고 있다는 것임을 알 수 있습니다.

피조물의 이러한 상황을 보면서 무엇을 느낄 수 있을까요? 무엇을 배울 수 있을까요? 무엇을 진지하게 깨달을 수 있을까요?

피조물의 탄식과 고통은 인간의 타락 때문이라는 것입니다.

인간의 어리석은 행동으로 인해 피조물의 상태가 탄식과 고통과 신음으로 바뀌었다는 것이 가슴 아픈 현실입니다. 인간의 불순종이 낳은 결과는 피조 세계를 혼란스럽게 했고, 질서가 없는 무질서의 세계로 만들어 버렸으며, 저주의 세계가 되게 하고 말았습니다. 이 얼마나 참담한 일입니까? 한순간의 잘못된 선택이 수많은 피조물들에게 아픔을 주었다는 엄연한 사실을 깊이 있게 생각해야 합니다.

> "여호와 하나님이 뱀에게 이르시되 네가 이렇게 하였으니 네가 모든 가축과 들의 모든 짐승보다 더욱 저주를 받아"(창 3:14).

> "땅은 너로 말미암아 저주를 받고"(창 3:17).

> "땅이 네게 가시덤불과 엉겅퀴를 낼 것이다"(창 3:18).

피조물이 이처럼 고통을 당하고 있는 것은 피조물 자신에 의한 어떤 일 때문이 아니라 전적으로 인간이 행한 불순종, 타락, 죄 때문이라는 것을 분명하게 알 수 있습니다.

탄식하는 피조물에게는 그 어떤 소망도 발견하기 어렵다는 것입니다.

소망을 갖는다는 것은 뭔가 기대하는 것이 있을 때 일어나는 것입니다. 기대하기 힘들다면, 찾아보기 어렵다면 소망은 소망이 될 수 없습니다. 하물며 탄식하고 있는 피조물 중 무엇을 소망 삼을 수 있겠습니까? 어리석은 짓일 뿐입니다. 태양, 달, 바위, 나무, 산, 짐승 등을 경배하고 섬긴다고 해도 소용없다는 말입니다. 인간도 마찬가지입니다. 사람을 통해 사회가 개선될 것이라든가, 환경이 좋아질 것이라든가, 얽히고설킨 문제가 해결될 것이라든가 하는 것에 소망을 갖기가 힘들다는 것을 발견합니다. 소망이 없음을 발견합니다.

이 사회가 돌아가는 모습을 보면 이러한 사실을 정확하게 알 수 있습니다. 사람들의 삶의 모습을 보면 이를 더욱더 분명하게 알 수 있습니다. 이 세상이 무엇을 추구하고 있는지 보면 답을 확실히 알 수 있습니다. 계속적으로 허무한 것을 추구하고, 범죄하고, 타락하기를 밥 먹듯 하고, 끊임없는 탐욕으로 목말라하고, 개인주의와 이기주의가 팽배하고, 못된 짓을 일삼아 멸망을 향해 치닫는 것이 이를 말해줍니다. 탄식하는 피조물에게는 그 어떤 소망도 없음을 발견합니다. 오로지 위기, 심판, 종말 밖에는 없다는 사실을 알 수 있습니다.

오직 유일한 희망은 하나님밖에 없다는 것입니다.

세상 사람들은 돈(물질)에 희망을 둡니다. 성공에 희망을 둡니다.

권력에 희망을 둡니다. 건강에 희망을 둡니다. 여러 가지 수많은 것에 희망을 둡니다. 그러기에 볼 수 없고, 들을 수 없고, 말할 수 없고, 숨 쉴 수 없는 것들을 희망이라고 말하며 이를 섬깁니다. 인간이 얼마나 어리석고 한심한 존재인지를 이런 모습들을 통해 알 수 있습니다. 인간이 얼마나 연약하고 부족한지를 이런 행동들을 통해 알 수 있습니다. 피조물도, 인간인 피조물도, 그 어떤 막강한 피조물도 희망이 될 수 없습니다.

유일한 희망은 오직 하나님 외에는 없습니다. 성경은 하나님에 대해 천지와 우주 만물을 지으신 분, 창조하신 분이라고 말합니다. 무한히 영광스러운 분이라고 말합니다. 능력이 무한하신 분이라고 말합니다. 이런 하나님이 유일한 희망이라고 말합니다. 이렇게 권세와 능력과 존귀가 충만한 하나님께서 인간 되어 이 땅에 찾아오셨으니 얼마나 감사한 일입니까? 얼마나 다행한 일입니까? 얼마나 좋은 기회입니까? 인간 되어 오신 예수 그리스도 그분을 믿을 때 희망이 있습니다. 성육신하신 예수 그리스도를 받아들일 때 희망이 있습니다. 나의 주님과 구세주로 영접할 때 희망이 있습니다.

2000년 전 예수님께서 승천하실 때 반드시 오시겠다고 말씀하셨으니 주님의 재림의 날, 주님의 재림 때 모든 문제는 깨끗하게 해결됩니다. 그때 우리의 참된 희망은 오직 삼위일체 되신 하나님임을 눈으로 직접 보게 될 것입니다. 왜냐하면 하나님은 오늘날과 같이 피조물이나 인간들이 허무한 상태에 있는 것을 바라지 않기 때문입니다. 신음하고 있는 것을 원하지 않기 때문입니다. 고통당하고 탄식하는 것을 그냥 두고 보실 수 없기 때문입니다. 혼란스러워하는 것을 언제까지나 내버려 두실 수 없기 때문입니다. 분명한 것은 사람에게 구원의 희망이 약속되어 있다면 피조물에게도 구원의 희망이 약속되어 있음을 알아야 합니다. 사람들이 희망을 갖고 있다면 피조물도 희망을 갖고 있다는 것입니다. 사람들이 오직 희망은 하나님뿐이라고 말한다면 피조물도 오직 희망은 하나님뿐이라고 말한다는 것입니다(롬 8:21).

이러한 현실을 보면서 그리스도인들은 이 세상에서 어떻게 살아야 할까요? 가장 먼저 세상에서 일어나는 그 어떤 일이나 그 어떤 현상에 대해 놀라거나 충격을 받지 말아야 합니다. 자연적인 입장에서 자연 파괴가 있어도, 환경오염이 심해도, 전쟁이 일어나도, 헐벗고 배고프고 가난해도, 홍수, 가뭄, 지진, 태풍, 폭설이 발생해도, 전염병이 창궐해도 놀라거나 충격받지 말아야 합니다. 그리스도인 입장에서 핍박을 당해도, 비웃음을 당해도, 적대시해도, 세상이 점점 더 악해진다고 해도 놀라거나 충격받지 말아야 합니다.

그리고 이 세상에 연연하지 말아야 합니다. 이 세상에 대해 너무 많은 것을 바라지도, 요구하지도, 추구하지도 말아야 합니다. 왜냐하면 자연적인 입장에서 이 세상을 보면 결국 낙심하게 되고, 실망하게 되고, 낭패를 당할 수밖에 없기 때문입니다. 한편 구원받은 그리스도인 입장에서는 이 세상이 아니라 천국에 소망을 두어야 합니다. 영생에 소망을 두어야 합니다. 믿음에 소망을 두어야 합니다. 세상과 피조물은 탄식하나 구원받은 그리스도인들은 탄식이 오히려 감사가 되고 기쁨이 되고 영생이 되었음을 알아야 합니다.

"우리가 소망으로 구원을 얻었으매 보이는 소망이 소망이 아니니
보는 것을 누가 바라리요 만일 우리가 보지 못하는 것을 바라면
참음으로 기다릴지니라."

– 롬 8:24~25

20장

그리스도인의 소망

미국 수정교회를 담임했던 로버트 슐러 목사가 이런 말을 했습니다.

"문제가 없는 사람에게는 도전도 없다. 모든 문제에는 해결 방법이 있다. 결국 문제의 크기는 꿈의 크기와 정비례한다. 따라서 문제가 인생을 재미있게 만든다."

이 말이 무엇을 말하는 것입니까? 문제조차도 도전으로 바꾸어 내는 마음, 그것이 소망이라는 말입니다. 어제보다 나은 오늘, 오늘보다 나은 내일은 누군가의 소망에서 시작됩니다. 소망은 미래를 여는 문입니다. 소망을 가리켜 아리스토텔레스는 '깨어 있는 자의 꿈'이라고 했습니다. 성경은 소망을 '하나님께로 돌아와서 하나님을 바라보는 것'이라고 말씀합니다.

"그런즉 너의 하나님께로 돌아와서 인애와 정의를 지키며 항상 너의 하나님을 바랄지니라"(호 12:6).

간절히 원하면 이루어진다고 흔히 말합니다. 하지만 정말로 간절히 원하는 사람은 그리 많지 않은 듯싶습니다. 쉽게 포기하고 쉽게 절망하는 것이 요즘의 시대의 흐름처럼 보입니다. 이런 말을 기억해야 합니다. "소망이 없어서 포기하는 것이 아니라 포기했기 때문에 소망이 없는 것이다." 함께 이것도 기억합시다. "기도하지 않아서 실패한 것이 아니라 기도하지 않은 것 자체가 실패다."

그리스도인이 소망 가운데서 구원을 얻었다면 참으로 기다려야 합니다. 로마서 8장 24절 상반절 말씀을 현대인의 성경에서는 이렇게 번역했습니다. "우리는 이 희망 가운데서 구원을 받았습니다." 분명한 것은 구원은 오직 믿음으로 받고, 상급은 오직 행위로 받는다는 사실입니다. 25절 하반절은 이렇게 말씀합니다. "참음으로 기다릴지니라."

그렇다면 그리스도인에게 있어 소망이란 무엇을 말하는 것일까요? 그것은 장차 다가올 영광스러운 날을 말합니다. 모든 피조물이 학수고대(鶴首苦待)하는 날을 말합니다. 한마디로 예수 그리스도의 재림의 날을 가리킵니다. 이날은 믿음으로 구원받은 그리스도인들에게는 소망의 날, 기쁨의 날, 감격스러운 날이지만, 믿음으로 구원받지 못한 사람들에게는 불행의 날, 충격의 날, 멸망의 날,

저주의 날이 될 것입니다. 그런데 한편으로는 그리스도인들이 어떤 일을 바라보거나, 갈망하거나, 소원하거나 하는 것으로 소망을 표현할 수 있지만 이보다 훨씬 더 현실적으로 진지한 이 땅 위에서의 의미가 있다고 보아야 합니다. 그리스도인의 입장에서 볼 때 소망에 대한 이 땅 위에서의 진지한 의미는 구체적으로 무엇일까요?

소망이란 구원에 대한 확신을 말합니다.

"우리는 낮에 속하였으니 정신을 차리고 믿음과 사랑의 호심경(흉배)을 붙이고 구원의 소망의 투구를 쓰자"(살전 5:8).

여기에서 구원의 소망의 투구란 구원에 대한 확신을 의미합니다. 구원에 대한 확신이 있기에 소망을 갖는 것입니다. 이것은 오직 그리스도인들만이 가질 수 있는 소망입니다. 구원은 누구나 받을 수 있는 것이 아니기에, 선택된 사람이 받을 수 있는 것이기에 구원에 대한 확신은 너무나 소중한 소망이 아닐 수 없습니다.

소망이란 튼튼하고 견고한 것을 말합니다.

"우리가 이 소망을 가지고 있는 것은 영혼의 닻 같아서 튼튼하고 견고하여 휘장 안에 들어가나니"(히 6:19).

닻이란 배를 한곳에 머물러 있게 하기 위하여 밧줄이나 쇠줄에 매어 물에 던지는 쇠나 나무 따위로 만든 무거운 물건을 말합니다. 따라서 '영혼의 닻'이란 말은 그리스도인의 궁극적 구원, 즉 영생을 보장해 주는 하나님의 구원 약속을 의미합니다. 희미한 갈망이나 소원은 영혼의 닻이 될 수 없습니다. 여기에서의 소망은 튼튼하고 견고한 소망을 의미합니다.

소망이란 부끄럽지 않은 것을 말합니다.

"소망이 우리를 부끄럽게 하지 아니함은 우리에게 주신 성령으로 말미암아 하나님의 사랑이 우리 마음에 부은 바 됨이니"(롬 5:5).

그리스도인은 환난 중에도 기뻐합니다. 이 환난이 인내를 이루고, 인내는 연단을 이루며, 연단은 소망을 이루기 때문입니다(롬 5:3~4). 그리스도인에게 있어 소망은 결코 부끄러울 수 없습니다. 부끄럽지 않습니다. 그러므로 믿음으로 구원받은 그리스도인은 소망 가운데 구원에 대한 확신을 가져야 합니다. 언제나 한결같이 튼튼하고 견고한 심령을 가져야 합니다. 부끄럽지 않은 모습으로 끝까지 예수 그리스도의 재림을 기다려야 합니다.

"우리가 소망으로 구원을 얻었으매 … (중략) … 참음으로 기다릴지니라"(롬 8:24~25).

그렇다면 본문의 말씀을 구체적으로 적용해 볼 때 소망이란 무엇일까요?

보이지 않는 것을 바라보는 것입니다.

"보이는 소망이 소망이 아니니 보는 것을 누가 바라리요"(롬 8:24하).

소망이란 원래 미래적인 것을 기대하는 것입니다. 곧 눈에 보이지 않는 것을 말하는 것입니다. 눈에 보이는 것을 어찌 소망이라 할 수 있겠습니까? 손에 잡히지 않고 눈에 보이지 않기에 미래에 기대할 수 있다는 그 자체만으로도 소망은 긍정적입니다. 그러므로 그리스도인들에게 당장 보이는 것이 없다 할지라도 결코 절망하거나 의심하거나 포기하거나 할 필요가 없습니다. 하나님이 허락하시고 약속하신 소망은 없어진 것이 아니기 때문입니다. 마치 공기처럼, 전파처럼, 사랑처럼 말입니다.

"이는 우리가 믿음으로 행하고 보는 것으로 행하지 아니함이로라"(고후 5:7).

"예수께서 이르시되 너는 나를 본 고로 믿느냐 보지 못하고 믿는 자들은 복되도다 하시니라"(요 20:29).

좁은 의미에서 소망이란 보이지 않는 것을 바라보는 것입니다. 잡히지 않는 것을 바라보는 것입니다.

인내하며 기다리는 것입니다.

"만일 우리가 보지 못하는 것을 바라면 참음으로 기다릴지니라"(롬 8:25).

"참음으로 기다릴지니라"라는 말을 달리 표현하면 '인내를 통하여 기다릴지니라'라는 말입니다. 보다 적극적이고 넓은 의미로 쓰인 말씀입니다. 이는 아무 생각 없이 인내하며 기다린다는 말이 아니라 열심히, 힘을 다해, 즐겁게, 목을 길게 빼고 기다린다는 적극적인 입장을 말합니다. 스스로 통제하면서, 절제하면서, 조절하면서, 오래 참으면서 기다린다는 말입니다.

이 땅, 이 세상 속에서도 기다리다 보면 누릴 수 있고, 소유할 수 있고, 즐길 수 있고, 복받을 수 있는 것들이 너무 많다는 것을 우리는 너무나 잘 알고 있습니다. 하물며 구원받은 그리스도인으로서 소망 가운데 인내하며 기다리면 하늘의 신령한 복이 임하지 않겠습니까? 상상을 초월하는 엄청난 복이 함께하지 않겠습니까? 인내하며 기다리지 않는다면 영원한 삶을 어찌 경험할 수 있겠으며 천국을 어찌 경험할 수 있겠습니까? 삼위일체 되신 하나님을 어찌 만날 수 있으며 천국 백성으로 어찌 살 수 있겠습니까? 슬픔도 없고,

고통도 없고, 가난도 없는 세상을 어찌 경험할 수 있겠으며 항상 기뻐하고 항상 감사하며 항상 찬양하며 살아가는 세상을 어찌 경험할 수 있겠습니까? 기다려야 합니다. 그것도 인내하며 기다려야 합니다. 그리하면 어느 날, 그 언제 어느 날 찬란한 영광스러움을 맛보게 될 것입니다.

"나 곧 내 영혼은 여호와를 기다리며 나는 주의 말씀을 바라는도다 파수꾼이 아침을 기다림보다 내 영혼이 주를 더 기다리나니 참으로 파수꾼이 아침을 기다림보다 더하도다"(시 130:5~6).

"복스러운 소망과 우리의 크신 하나님 구주 예수 그리스도의 영광이 나타나심을 기다리게 하셨으니"(딛 2:13).

기다림은 결코 쉬운 일이 아닙니다. 그것도 인내하며 기다리는 것은 더욱더 힘든 일입니다. 인내하며 기다리는 것은 분명한 확신이 있을 때 가능한 일입니다. 그리스도인은 바로 이런 은혜를 받은 사람입니다. 그러므로 그리스도인은 인내하며 기다릴 수 있는 사람입니다. 이렇게 소망을 갖고 살아가는 그리스도인이기에 변덕을 부리지 않고 쉽게 좌절하지 않으며 포기할 줄 모르기에 신뢰할 만한 사람이 됩니다. 수동적이거나 무감각하거나 무관심하지 않기에 균형 잡힌 사람이 됩니다. 게으르지 않고 시간을 함부로 허비하지 않고 환상에 얽매여 있지 않기에 현실감이 있는 사람이 됩니다.

수십 차례 프러포즈했지만 거절당한 비둘기 총각이 낙심에 빠져 있었습니다. 그때 참새 친구가 찾아와 물었습니다. "너는 눈 한 송이 무게가 얼마나 되는지 아니?" 비둘기는 귀찮다는 듯이 대답했습니다. "그런 걸 알아서 뭐해."

그러자 참새는 자신의 경험을 이야기했습니다. "어느 날 커다란 나무 위에서 노래를 부르고 있는데 눈이 오기 시작했어. 그런데 말이야, 정확하게 874만 1952송이가 내려앉을 때까지는 아무 일이 없었는데, 그다음 눈송이가 내려앉자마자 그만 그 커다란 나뭇가지가 우지직하고 부러졌어."

정말 별것 아닌 눈이 우람한 나뭇가지를 꺾듯 우리의 '별것 아닌 것'의 '한 번 더'가 우리의 운명과 세상을 바꿉니다. 한 번 더 참고, 한 번 더 기다리고, 한 번 더 소망을 가져 봅시다. 언젠가 맞이할 그 영광스러운 날을 위하여 말입니다.

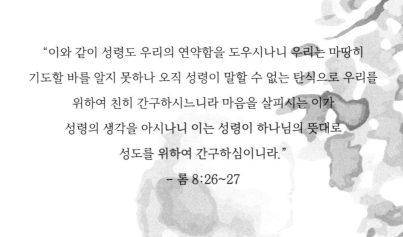

"이와 같이 성령도 우리의 연약함을 도우시나니 우리는 마땅히
기도할 바를 알지 못하나 오직 성령이 말할 수 없는 탄식으로 우리를
위하여 친히 간구하시느니라 마음을 살피시는 이가
성령의 생각을 아시나니 이는 성령이 하나님의 뜻대로
성도를 위하여 간구하심이니라."

- 롬 8:26~27

21장

성령님의 간구

엄마가 어린 자녀와 캄캄한 밤길을 걷다가 아이가 돌부리에 걸려 넘어지려고 하면 엄마는 순간적으로 아이 손을 꽉 잡습니다. 반대로 엄마가 넘어지게 되면 잡았던 아이의 손을 놓아버립니다. 다치더라도 엄마 혼자 다치겠다는 마음입니다. 이렇게 자식은 엄마와 사랑의 줄로 매여 있어 안전합니다. 어떻게 보면 우리 모두도 돌부리에 차이고, 넘어지고, 구덩이에 빠져가며 살아갑니다. 환난과 고통, 질병과 가난, 걱정과 근심 없이 살아가는 사람은 아무도 없습니다. 예수님을 믿든지 믿지 않든지 다 똑같습니다. 원래 인간은 연약하고, 불완전하고, 유한한 존재이기 때문입니다.

그런데 믿음의 사람들, 즉 그리스도인들에게는 특별히 다른 점이 있습니다. 먼저 그 어떤 경우라도 하나님께서는 우리를 사랑의 줄로 단단히 묶어 놓으셨다는 것입니다. 그리고 힘들고 어려울 때마다 더 꽉 잡아 주시고 안전하게 보호하신다는 것입니다. 마지막으로 우리를 향하신 성령님의 탄식과 간구가 있다는 사실입니다. 할렐루야! 이것이 삼위일체 하나님의 마음입니다.

그리스도인들이 이 땅 위에서 믿음으로 구원받은 것도, 믿음으로 귀하게 살려고 하는 것도, 믿음으로 경건하게 예배드리려고 하는 것도, 믿음으로 헌신하고 희생하려고 하는 것도, 믿음으로 하나님의 나라 천국을 바라보는 것도, 모두 다 성령님의 주도적인 역사가 있기에 가능한 일이었습니다. 성령께서 어떤 일을 하시는지 살펴보면 이해하기 쉽습니다. 성령님은 조명하십니다. 인도하십니다. 생각나게 하십니다. 가르치십니다. 즐겁게 하십니다. 확신케 하십니다.

그런데 본문은 이러한 성령의 주도적인 역사하심을 또 다른 측면에서 소개하는 귀한 말씀입니다. 그것은 바로 그리스도인들을 위하여 '성령께서 기도하고 계신다는 것'입니다.

"오직 성령이 말할 수 없는 탄식으로 우리를 위하여 친히 간구하시느니라"(롬 8:26하).

"성령이 하나님의 뜻대로 성도를 위하여 간구하심이니라"(롬 8:27하).

이 말씀은 그리스도인 입장에서 너무나 힘과 용기를 주는 말씀이 아닙니까? 너무나 귀하고 감동스러운 말씀이 아닙니까? 이러한 감격스럽고 희망찬 말씀이 있기에 그리스도인은 특별한 사람입니다.

어떻게 보면 선택된 사람만이 누릴 수 있는 특권입니다. 이처럼 성령께서 우리 그리스도인들을 위해 친히 간구하시는 이유는 무엇일까요?

우리가 연약하기 때문입니다.

"이와 같이 성령도 우리의 연약함을 도우시나니"(롬 8:26상).

'연약함'이란 무엇일까요? 부족하다는 말입니다. 아슬아슬할 정도로 약하다는 말입니다. 힘이 없다는 말입니다. 이러한 연약함은 원죄의 결과이고 타락의 결과입니다. 하나님께서 사람을 창조하셨을 때 사람은 결코 연약하지 않았습니다. 사람은 결코 부족하지 않았습니다. 사람은 결코 모자라지 않았습니다. 오히려 너무나 완벽하고 완전했습니다. 너무나 확실하고 정확했습니다. 너무나 아름다웠고 깨끗했습니다.

그런데 사람은 죄짓고 타락함으로 말미암아 힘이 없게 되었습니다. 무능하게 되었습니다. 무기력하게 되었습니다. 부족하게 되었습니다. 실수투성이가 되었습니다. 상처투성이가 되었습니다. 근심, 걱정으로 한숨 쉬게 되었습니다. 질병으로 허덕이게 되었습니다. 결국 인간의 삶은 최종적으로 죽음으로 끝나게 되었습니다. 이것이 우리의 연약함입니다.

연약함의 구체적인 실례들을 살펴보면 연약함이 무엇인지를 명확하게 알 수 있습니다. 먼저 육체를 통해서 연약함을 발견할 수 있습니다. 땀 흘리고 수고해야 먹고 살 수 있습니다. 피곤함을 자주 경험합니다. 육체의 한계를 느낍니다. 휴식도 취해야 합니다. 운동도 해야 합니다. 늙어갑니다. 힘이 없습니다. 언젠가는 세상을 떠나야 합니다. 삶을 통해 생(生), 노(老), 병(病), 사(死)를 경험합니다.

그리고 영적인 일을 통해서도 연약함을 발견할 수 있습니다. 성경 읽기가 힘이 듭니다. 기도는 뜸해집니다. 찬양 소리에 힘이 없습니다. 필요할 때만 하나님을 찾습니다. 하나님 없이 살아가려 애씁니다. 애써 하나님을 잊으려고 합니다. 하나님께 예배드리기가 힘들어집니다. 신앙생활을 기쁨으로 감당하기보다 의무적으로 감당합니다. 먼저 그의 나라와 그의 의를 구하기가 하늘의 별 따기 같습니다.

또한 환경을 통해서도 연약함을 발견할 수 있습니다. 어려움 앞에서 수시로 절망합니다. 근심과 걱정으로 고민합니다. 낙심과 좌절로 방황합니다. 삶의 고달픔으로 쉽게 포기합니다. 커다란 문제 앞에 자주자주 흔들립니다. 지치기도 잘하고, 넘어지기도 잘하고, 후회할 일도 잘합니다. 얼마나 연약한지 시간이 흘러 나이를 먹으면 먹을수록 도움을 받지 않으면 살 수 없는 상황이 되어버립니다.

이렇듯 비록 그리스도인이라 할지라도 이렇게 육체적으로, 영적으로, 환경적으로, 연약한 것이 우리 그리스도인이라는 것을 확실하게 알 수 있습니다. 특별히 잘난 것도 없고, 드러낼 만한 것도 갖추지 못한 것이 우리이기에 실망스러운 것이 사실입니다. 하지만 이런 우리를 위해 오늘도 변함없이 성령께서 간구하고 있다는 말씀 앞에 옷깃을 여밀 수밖에 없음을 발견합니다. 얼마나 감격스럽고도 감동스러운 말씀입니까?

우리가 올바르게 기도할 줄 모르기 때문입니다.

"우리는 마땅히 기도할 바를 알지 못하나"(롬 8:26중).

이 말씀을 다르게 표현하면 우리가 마땅히 어떻게 기도해야 할지를 모른다는 말씀입니다. 이 말씀은 우리의 연약함 때문에, 우리의 부족함 때문에, 우리의 인간적인 모습 때문에 정말 기도해야 할 기도를 하지 못한다는 말씀입니다. 이것은 누구나 잘하는 일반적인 기도를 말하는 것이 아닙니다. 어떤 주어진 특별한 상황 가운데서 특별하게 기도할 바를 모른다는 것입니다.

예를 들어보면 다음과 같습니다. 어떤 정신과 마음으로 살아야 하는지 모른다는 말씀입니다. 문제가 발생했을 때 어떻게 행동해야 하는지 모른다는 말씀입니다. 직업 선택의 기준이 무엇인지 모른다는 말씀입니다. 결혼을 누구와 해야 하는지 모른다는 말씀입니다. 하나님의 뜻대로 사는 것이 무엇인지 모른다는 말씀입니다. 신앙생활을 어떻게 해야 하는지 모른다는 말씀입니다. 하나님의 영광을 위한 삶이 어떤 것인지 모른다는 말씀입니다.

이러한 상황을 달리 표현하면 이렇습니다. 우리가 이해하지 못하는 것들이 너무 많다는 것입니다. 우리가 우리에게 유익하면서도 최선의 것이 무엇인지 알지 못한다는 것입니다. 우리가 잘못된 것을 위해 기도할 수 있다는 것입니다. 성경에 보면 때때로 올바르게 기도하지 못하는 경우가 소개됩니다. 마땅히 기도할 바를 알지 못하고 기도하는 일들이 발생합니다. 하나님의 뜻이 이루어지는 기도가 아니라 부지불식간에 인간적인 생각으로 가득한 기도가 있습니다.

먼저 엄중하게 책망을 듣는 모세의 경우입니다.

"그 때에 내가 여호와께 간구하기를 구하옵나니 나를 건너가게 하사 요단 저쪽에 있는 아름다운 땅, 아름다운 산과 레바논을 보게 하옵소서 하되 여호와께서 … (중략) … 내게 이르시기를 그만해도 족하니 이 일로 다시 내게 말하지 말라"(신 3:23~26).

출애굽 한 모세가 200만이 넘는 이스라엘 백성들을 이끌고 광야 40년의 시간을 보냈을 때 젖과 꿀이 흐르는 가나안 땅을 얼마나 그리워했을까요? 그 땅에 얼마나 가고 싶어 했을까요? 그 땅을 얼마나 밟고 싶었을까요? 수많은 시간을 통해 가나안에 대한 그리움은 가슴에 사무쳤을 텐데, 그런 간절한 마음으로 하나님께 간구했음에도 불구하고 하나님은 '그만하면 됐다'라는 말씀으로 응답하십니다. 인간적으로 결코 그럴 수 없는 일입니다. 모세의 공로를 생각하면 있을 수 없는 일입니다. 그럼에도 불구하고 하나님은 단호하게 말씀하십니다.

"너는 이 요단을 건너지 못할 것임이니라"(신 3:27).

이는 모세의 간구가 하나님의 뜻을 모르고 하나님께 기도한 모세의 잘못된 간구였음을 알게 해줍니다. 우리도 이렇다는 말씀입니다.

다음으로 깨달음을 얻게 되는 사도 바울의 경우입니다.

"여러 계시를 받은 것이 지극히 크므로 너무 자만하지 않게 하시려고 내 육체에 가시 곧 사탄의 사자를 주셨으니 이는 나를 쳐서 너무 자만하지 않게 하려 하심이라 이것이 내게서 떠나가게 하기 위하여 내가 세 번 주께 간구하였더니 나에게 이르시기를 내 은혜가 네게 족하도다 이는 내 능력이 약한 데서 온전하여짐이라 하신지라 그러므로 도리어 크게 기뻐함으로 나의 여러 약한 것들에 대하여 자랑하리니 이는 그리스도의 능력이 내게 머물게 하려 함이라"(고후 12:7~9).

사도 바울에게도 약점과 아픔이 있었습니다. 이를 이겨내고 치료받기 위하여 주님께 세 번 기도했다고 말씀합니다. 그 아픔을 사도 바울은 '육체의 가시'라고 표현했습니다. 그렇게도 위대한 사도 바

울이었지만 그에게도 말 못 할 이런 고통이 있었다는 것은 가슴 아
픈 일입니다. 하지만 사도 바울 스스로가 고백했듯이 육체에 가시
는 자신이 받은 계시가 지극히 크므로 자만하지 않게 하기 위해 필
요했던 것이라고 겸손하게 말합니다. 이는 실로 깨달음이 없이는 말
할 수 없는 놀라운 고백이 아닐 수 없습니다. 그러면서 사도 바울은
주님께서 하신 말씀을 강조합니다. "내 은혜가 네게 족하도다 이는
내 능력이 약한 데서 온전하여짐이라."

　약할 때 온전해집니다. 받은 은혜를 만족하게 여길 줄 알아야 합
니다. 깨닫고 보면 모두가 다 하나님의 은혜입니다. 하지만 깨닫지
못했을 때는 은혜가 은혜인 줄 모릅니다. 우리는 다를까요? 우리 그
리스도인들은 예수님의 기도를 통해 마음 깊이 깨닫고 배워야 합
니다.

"지금 내 마음이 괴로우니 무슨 말을 하리요 아버지여 나를 구원하여 이 때
를 면하게 하여 주옵소서 그러나 내가 이를 위하여 이 때에 왔나이다"(요
12:27).

"조금 나아가사 얼굴을 땅에 대시고 엎드려 기도하여 이르시되 내 아버지
여 만일 할 만하시거든 이 잔을 내게서 지나가게 하옵소서 그러나 나의 원
대로 마시옵고 아버지의 원대로 하옵소서 하시고"(마 26:39).

예수님이 이 땅 위에 육신을 입고 오셨기에 인간적인 아픔과 눈

물, 고통과 슬픔, 괴로움과 고뇌를 고스란히 가지고 계셨습니다(히 5:7~10). 이를 보여주는 대표적인 장면이 바로 골고다 언덕에서 십자가에 못 박혀 죽어야 할 상황을 미리 아시고 인간적으로 극한 상황까지 가셨음을 보여주는 예수님의 기도의 모습입니다. 이를 통해 예수님이 얼마나 고통스러워하셨는지, 얼마나 십자가를 피하고 싶어 하셨는지, 얼마나 피눈물을 흘리셨는지 생생하게 알 수 있습니다. 그럼에도 불구하고 예수님은 놀라운 방법으로 이를 극복하셨는데 그 방법은 바로 '그러나의 기도'였습니다. 하나님의 뜻을 우선시했던 그러나의 기도, 이 땅 위에 왜 오셨는지를 정확하게 아셨던 그러나의 기도가 있었다면 우리 그리스도인들도 그러나의 기도로 올바르게 극복해야 합니다.

결론적으로, 먼저 성령님이 오늘도 변함없이 일하고 계시다는 것에 마음깊이 감사해야 합니다. 우리는 성령님이 움직이시고, 활동하시고, 우리를 주목하고 계신다는 것을 알기 때문입니다. 그리고 성령님의 애타하시는 기도에 무한히 감사해야 합니다. 우리의 연약함과 올바르게 기도하지 못하는 것을 위해 기도해 주시기 때문입니다. 또한 성령님이 하나님의 뜻에 맞는 기도로 도와주고 계시니 감사해야 합니다. 어떤 것이 하나님의 뜻인지 알 수 없을 때 느끼게 하시고 깨닫게 하셔서 하나님의 뜻에 맞는 기도를 할 수 있다는 것은 놀라운 은혜가 아닐 수 없기 때문입니다.

성령님의 간구가 우리 그리스도인들에게 얼마나 크게 위로가 되고 격려가 되는지 알 수 없습니다. 연약함을 잘 알고 있고, 올바르게 기도할 줄 모르는 것도 잘 알고 있기에 성령님의 간구는 그리스도인들에게 있어 절대적인 힘이 됩니다. 든든한 용기가 됩니다. 분명한 것은 오늘도 변함없이 성령님의 간구는 계속되고 있다는 사실입니다.

"우리가 알거니와 하나님을 사랑하는 자 곧 그의 뜻대로 부르심을

입은 자들에게는 모든 것이 합력하여 선을 이루느니라."

– 롬 8:28

22장

그리스도인은 어떤 사람인가?

구원받은 그리스도인이라면 확실하게 마음속에 간직하고 있어야 할 네 가지 신앙이 있습니다.

첫째, 예수님을 믿음으로 죄 사함 받고 구원받았다는 구원 신앙입니다. 가장 기본이면서 가장 우선적인 신앙입니다. 기독교 신앙은 오직 구원받은 것에서부터 시작합니다. 구원받지 못했다면 그리스도인이 될 수 없기 때문입니다. 그래서 구원은 생애 최고의 기적이자 복입니다. 그 누구보다도 구원받은 사람이 되었다면, 구원 신앙으로 꽉 차 있다면 그것보다 귀하고 빛나는 것은 없습니다.

둘째, 죽어도 다시 산다는 부활 신앙입니다. 죽음을 극복할 수 있는 유일한 방법은 다시 사는 부활입니다. 이 부활을 성경은 당당하게 선포합니다. 짧은 생애 가운데서 예수님을 만나고, 예수님을 믿음으로 말미암아 구원받은 것만 해도 말할 수 없이 감사한데 죽어도 다시 산다는 부활 신앙을 가르쳐 주니 놀라운 희망이자 엄청난 기쁨이 아닐 수 없습니다.

셋째, 예수님이 다시 오신다는 재림 신앙입니다. 예수님이 2000년 전에 오신 성육신 사건을 초림이라고 말합니다. 그리고 주님께서 다시 오시겠다고 말씀하셨으니 이것을 재림이라 말합니다. 그러므로 초림은 지나갔고 다시 오신다는 재림만 있을 뿐입니다. 재림 신앙은 늘 오늘을 살아가는 그리스도인들에게 힘이 되고 격려가 되는 신앙입니다.

넷째, 영원한 나라가 있다는 천국 신앙입니다. 사람의 일생인 삶은 짧습니다. 그러한 삶 속에서 우여곡절을 겪으면서 살아가지만 언젠가는 하나같이 생을 마감해야 합니다. 그런데 믿음으로 구원받은 그리스도인들에게는 새로운 세계가 펼쳐지니 그곳이 바로 하나님의 나라 천국입니다. 영원한 삶을 보장받은 그리스도인들이 들어가는 세계입니다.

오늘날과 같이 분주하고, 화려하고, 이기주의가 팽배하고, 물질만능이 주도하는 세상에서 그리스도인이 구원 신앙, 부활 신앙, 재림 신앙, 천국 신앙을 갖고 살아간다는 것이 귀하지 않습니까? 성공을 추구하고, 부유한 삶에 집착하며, 개인주의가 도를 넘는 이런 시대 속에서 그리스도인이 구원 신앙, 부활 신앙, 재림 신앙, 천국 신앙을 사모한다는 것이 신비하고 오묘하지 않습니까? 환경오염, 기후변화, 생태계 파괴 등으로 불안한 시대이면서 동시에 전쟁이 여기저기서 일어나고, 각종 질병이 넘쳐나며, 바이러스가 출몰하고 사건사고가 일상화되고 있는 현실 가운데 그리스도인이 구원 신앙, 부활 신앙, 재림 신앙, 천국 신앙을 마음속에 간직하고 있다는 것이 특별하지 않습니까?

그리스도인은 구원 신앙, 부활 신앙, 재림 신앙, 천국 신앙으로 살아가는 사람입니다. 본문 말씀은 믿음으로 살아가고, 믿음을 위해 희생하며, 믿음이 아니고는 살아갈 수 없는 그리스도인들에 대한 위로의 말씀입니다. 한마디로 이러한 그리스도인은 어떤 사람입니까?

하나님을 사랑하는 사람입니다.

"우리가 알거니와 하나님을 사랑하는 자"(롬 8:28상).

사랑은 모든 것을 대표합니다. 사랑은 모든 것을 포함합니다. 그러므로 사랑 안에 모든 것이 있습니다. 이런 사랑을 할 줄 아는 사람이 바로 그리스도인입니다. 특별히 성경은 그리스도인을 '하나님을 사랑하는 자'로 표현합니다. 성경은 '하나님을 사랑하는 자'를 좀 더 구체적으로 이렇게 표현하고 있습니다.

1) 하나님을 향해 마음을 다하고, 목숨을 다하고, 뜻을 다하는 사람

을 가리켜 하나님을 사랑하는 사람이라고 말합니다.

"예수께서 이르시되 네 마음을 다하고 목숨을 다하고 뜻을 다하여 주 너의 하나님을 사랑하라 하셨으니"(마 22:37).

과연 이런 삶이 가능할까요? 과연 이렇게 살 수 있을까요? 물론 가능합니다. 이렇게 살 수 있습니다. 그렇다면 그것은 과연 어떤 때에 가능한 것일까요? 신앙이 무엇인지 알 때 가능합니다. 신앙의 감격을 알 때 가능합니다. 신앙의 소중함을 알 때 가능합니다.

2) 하나님의 말씀을 지키는 사람을 하나님을 사랑하는 사람이라고 말합니다.

"나의 계명을 지키는 자라야 나를 사랑하는 자니 나를 사랑하는 자는 내 아버지께 사랑을 받을 것이요 나도 그를 사랑하여 그에게 나를 나타내리라"(요 14:21).

하나님 말씀의 절대가치를 알고, 하나님 말씀을 생활에 실천하며, 하나님 말씀의 능력을 사모하는 사람들은 하나님을 사랑하는 사람들입니다.

3) 오로지 믿음, 소망, 사랑으로 살아가는 사람을 하나님을 사랑하는 사람이라고 말합니다.

"기록된 바 하나님이 자기를 사랑하는 자들을 위하여 예비하신 모든 것은 눈으로 보지 못하고 귀로 듣지 못하고 사람의 마음으로 생각하지도 못하였다 함과 같으니라"(고전 2:9).

눈으로 보지 못하고, 귀로 듣지 못하고, 사람의 마음으로 생각하지도 못하는 것을 믿는 사람들이 그리스도인입니다. 달리 표현하면 오로지 믿음으로 전진하고, 오로지 소망을 갖고 살아가며, 오로지 사랑으로 충만한 사람들이 하나님을 사랑하는 사람들입니다.

특별히 하나님을 사랑하는지 하나님을 사랑하지 않는지 알 수 있는 가장 정확한 방법은 고난, 시련, 환난, 핍박, 고통 등이 찾아왔을 때 나타나는 반응으로 판단하는 방법입니다. 여러분은 이런 때에 어떻게 반응하십니까? 어떻게 행동하십니까?

욥은 시련 중에서도 이렇게 고백했습니다.

"주신 이도 여호와시요 거두신 이도 여호와시오니 여호와의 이름이 찬송을 받으실지니이다 하고 이 모든 일에 욥이 범죄하지 아니하고 하나님을 향하여 원망하지 아니하니라"(욥 1:21~22).

욥은 시련 중에서도 범죄 하지 않고, 하나님께 원망하지 않았습니다. 바울과 실라는 옥에 갇히는 핍박 중에서도 이렇게 행동했습니다.

"한밤중에 바울과 실라가 기도하고 하나님을 찬송하매 죄수들이 듣더라"(행 16:25).

사도 바울과 실라는 고난 중에서도 하나님께 기도하고 찬송했습니다. 사도 베드로는 고난을 받으면 이렇게 반응하라고 말했습니다.

"만일 그리스도인으로 고난을 받으면 부끄러워하지 말고 도리어 그 이름으로 하나님께 영광을 돌리라"(벧전 4:16).

사도 베드로는 고난 중에서도 하나님께 영광을 돌리라고 말합니다. 욥, 사도 바울과 실라 그리고 사도 베드로처럼 어려움 중에서도 하나님을 사랑하는 사람의 태도와 행동과 삶을 보여주어야 합니다. 그리스도인은 하나님을 사랑하는 사람이기 때문입니다.

하나님의 뜻대로 부르심을 입은 사람입니다.

"곧 그의 뜻대로 부르심을 입은 자들에게는"(롬 8:28중).

그리스도인이 구원받은 것은 전적으로 하나님의 뜻입니다. 그리고 하나님의 부르심이 있었기에 가능한 일입니다. 이는 실로 신비한 사건입니다. 나의 힘으로, 나의 계획으로, 나의 생각으로 구원받은 것이 아니라 하나님의 뜻 가운데 불러 주셨기에 가능했던 놀라운 사건입니다. 그러므로 부름받아 그리스도인이 되었다면 그저 감사하고, 그저 감격하고, 그저 감동하는 삶이 되어야 합니다.

"이는 혈통으로나 육정으로나 사람의 뜻으로 나지 아니하고 오직 하나님께로부터 난 자들이니라"(요 1:13).

부르심을 입었습니까? 부르심을 받았습니까? 부르심은 두 가지 의미로 사용되고 있습니다.

1) 일반적인 부르심입니다.

이것은 세상 모든 사람에 대한 부르심입니다. 여기에는 하나도 예외가 없습니다. 다른 한편으로는 일반적인 부르심에 희망이 있습니다. 누구에게나 기회는 있기 때문입니다. 일반적으로 평범하게 부르실 때 예민하게 반응하여 하나님께 응답한다면 얼마나 좋겠습니까? 문제가 생기고 급박한 위기 상황이 닥쳤을 때 하나님의 부르심에 응답하는 것보다 훨씬 낫지 않겠습니까?

예수님은 이렇게 말씀하셨습니다.

"또 이르되 너희는 온 천하에 다니며 만민에게 복음을 전파하라"(막 16:15).

사도 바울은 이렇게 말합니다.

"알지 못하던 시대에는 하나님이 간과하셨거니와 이제는 어디든지 사람에게 다 명하사 회개하라 하셨으니"(행 17:30).

"하나님은 모든 사람이 구원을 받으며 진리를 아는 데에 이르기를 원하시느니라"(딤전 2:4).

그러나 몹시 아쉽게도 모든 사람들이 다 응답하는 것은 아닙니다. 여기에 심각성이 있습니다. 왜 그럴까요? 그것은 많은 사람들이 하나님을 너무나 모르기 때문입니다. 하나님의 마음을 너무나 모르기 때문입니다. 하나님의 선한 계획을 너무나 모르기 때문입니다. 그렇다면 왜 하나님을 너무나 모르고, 하나님에 대해 관심이 없을까요? 많은 사람들이 세상에 너무 깊이 사로잡혀 있기 때문입니다. 살아가는 삶에 정신없이 파묻혀 있기 때문입니다. 현재 눈에 보이는 것에만 온통 관심이 쏠려 있기 때문입니다. 그러므로 먼저 믿고 구원받은 그리스도인들의 역할이 무엇보다 매우 중요합니다. 그리스도인은 행동, 태도, 삶 등에서 본이 되어야 합니다.

2) 특별한 부르심입니다.

'곧 그의 뜻대로 부르심을 입은 자'가 여기에 해당됩니다. 구원받은 그리스도인이라면 하나도 예외 없이 여기에 포함됩니다. 그래서 그리스도인은 특별한 사람입니다. 하나님으로부터 선택되어 구원받은 그리스도인이 되었기 때문입니다. 수많은 사람, 수많은 종교, 수많은 진리가 있음에도 불구하고 특별한 부르심으로 선택되어 그리스도인이 되었다는 것은 실로 감격적이고 신비한 대사건이 아닐 수 없습니다.

"하나님이 미리 아신 자들을 또한 그 아들의 형상을 본받게 하기 위하여 미리 정하셨으니 이는 그로 많은 형제 중에서 맏아들이 되게 하려 하심이니라 또 미리 정하신 그들을 또한 부르시고 부르신 그들을 또한 의롭다 하시고 의롭다 하신 그들을 또한 영화롭게 하셨느니라"(롬 8:29~30).

"곧 창세 전에 그리스도 안에서 우리를 택하사 … (중략) … 그 기쁘신 뜻대로 우리를 예정하사"(엡 1:4~5).

"하나님이 우리를 구원하사 거룩하신 소명으로 부르심은 우리의 행위대로 하심이 아니요 오직 자기의 뜻과 영원 전부터 그리스도 예수 안에서 우리에게 주신 은혜대로 하심이라"(딤후 1:9).

이처럼 하나님께 부르심을 받았다는 것은 하나님께서 관심을 갖고 계시다는 것입니다. 하나님께서 삶을 간섭하고 계시다는 것입니다. 하나님께서 붙잡고 계시다는 것입니다. 그리스도인이 되었다는 것이 이렇게 놀라운 삶의 기적으로 다가올 줄을 어찌 알 수 있었겠습니까? 만약 이 모든 사실을 기꺼이 믿는다면 그리스도인은 무엇보다도 하나님의 말씀에 사로잡혀야 합니다. 기도에 사로잡혀야 합니다. 신앙생활에 사로잡혀야 합니다. 이것이 특별하게 부르심 받은 그리스도인이 마땅히 해야 할 일입니다.

그리스도인은 '하나님을 사랑하는 사람'입니다. 더불어 '하나님의 뜻대로 부르심을 입은 사람'입니다. 그러므로 그리스도인은 모든 것이 합력하여 선을 이룹니다(롬 8:28). 이러한 그리스도인으로 살아갈 때 순간순간마다 모든 것들을 생생하게 체험하게 됩니다.

전도유망한 한 그리스도인이 있었습니다. 어느 날 유람선을 타고 가다 침몰해 그는 간신히 무인도에 도착하게 되었습니다. 원망도 했지만 살았다는 기쁨에 감사의 기도를 드리고 살기 위해 생활 터전을 하나씩 마련했습니다. 그런데 잠깐 자리를 비운 사이 움막에 불이 나 잿더미가 되어버렸습니다. 무인도에 홀로 남겨졌을 때도 원망하지 않던 그는 하나님을 원망하기 시작했습니다. "하나님, 무인도에 혼자 남은 것도 서럽고 무서운데 이제 상황이 악화돼 저의 남은 모든 물건마저 몽땅 잿더미로 만드시다니 너무하십니다."

그런데 바로 그때 어디선가 뱃고동 소리가 들려왔습니다. 결국 그는 구출되었습니다. 그는 선장에게 어떻게 자신이 여기에 있다는 것을 알게 되었는지 물었습니다. 선장은 의외라는 듯이 이렇게 말했습니다. "당신이 불을 피워 연기를 올리지 않았던가요? 우린 그 연기를 보고 찾아왔습니다."

하나님은 우리의 실수와 상황들을 사용하셔서 우리를 훈련하십니다. 우리의 허물과 연약함을 통해서 일하십니다. 우리가 주님의 성품을 닮을 때까지, 그리고 반드시 우리에게 유익하도록 역전시켜 주시고 반전시켜 주십니다. 왜냐하면 우리가 하나님을 사랑하는 사람이기 때문입니다. 특별히 하나님의 뜻대로 부르심을 받은 사람이기 때문입니다.

66

그리스도인은 특별한 사람입니다.
하나님으로부터 선택되어 구원받은
그리스도인이 되었기 때문입니다.
수많은 사람, 수많은 종교, 수많은 진리가 있음에도 불구하고
특별한 부르심으로 선택되어 그리스도인이 되었다는 것은
실로 감격적이고 신비한 대사건이 아닐 수 없습니다.

99

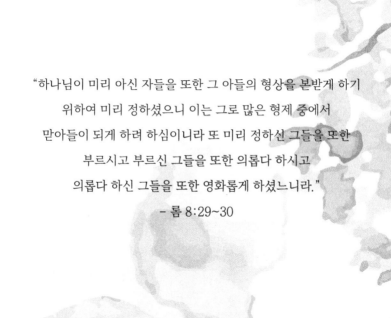

"하나님이 미리 아신 자들을 또한 그 아들의 형상을 본받게 하기
위하여 미리 정하셨으니 이는 그로 많은 형제 중에서
맏아들이 되게 하려 하심이니라 또 미리 정하신 그들을 또한
부르시고 부르신 그들을 또한 의롭다 하시고
의롭다 하신 그들을 또한 영화롭게 하셨느니라."

- 롬 8:29~30

23장

하나님의 구원 계획

삶에 있어서 중요한 만남 세 가지가 있습니다. 가장 먼저 부모님과의 만남입니다. 이는 세상에 태어나서 최초로 맞이하는 만남입니다. 여기에는 본인의 선택권이 없습니다. 본인의 선택과 상관없는 만남이기에 어떤 이에게는 긍정적인 만남일 수 있고 어떤 이에게는 부정적인 만남일 수 있습니다.

그리고 배우자와의 만남입니다. 삶의 중요한 만남이자 삶이 전환될 수 있는 만남이기도 합니다. 어떤 배우자를 만나느냐에 따라 새로운 삶이 전개되기 때문입니다. 이것은 자신이 선택할 수 있는 만남입니다. 자신의 선택에 무한한 책임을 져야 하는 만남입니다.

끝으로 하나님과의 만남입니다. 한마디로 신비한 만남입니다. 최고로 값지고 복된 만남입니다. 알면 알수록 기적적인 만남입니다. 자신의 부족을 알기에 '감히 내가 하나님을 만나다니'라고 감탄할 수밖에 없는 만남입니다. 하나님과의 만남을 통해 구원받은 하나님의 백성이 된 것을 생각하면 너무나 감사하고 또 감사할 뿐입니다. 어찌 입술로 다 표현할 수 있겠습니까? 특이하게도 이 만남에는 하나님이 선택한 만남이라는 특징이 있습니다.

가만히 생각해 보면 부모님과의 만남도 귀하고, 배우자와의 만남도 귀한 것을 알 수 있습니다. 하지만 하나님과의 만남을 생각해 보면 이보다 더 귀한 만남은 없다고 확신합니다. 왜냐하면 허물 많고, 약점 많고, 부족한 사람을 기뻐하시는 가운데 선택하셔서 만나주셨기 때문입니다. 그뿐이겠습니까? 하나님과의 만남을 통해 구원을 받고, 영원한 삶을 얻으며 천국 백성으로 살 수 있도록 은혜를 베푸시지 않았습니까?

성경을 보면 하나님은 약점이나 단점 많은 사람들을 만나주시고 그들을 통해 일하시는 장면이 많이 등장합니다. 그리고 그들을 위대한 지도자로 만들어 사용하셨습니다. 예를 들어보면 성격이 불같았던 모세, 왜소 콤플렉스의 기드온, 치명적인 도덕적 결함의 소유자 다윗, 못생기고 말이 시원치 않았던 사도 바울, 성질이 급한 베드로 등이 있었습니다.

그러고 보면 결함 있는 사람들을 고쳐 쓰시는 것이 하나님의 주특기인 것 같습니다. 이들 모두 약점들이 있었음에도 불구하고 모두가 하나같이 하나님의 작품으로 쓰임 받았기 때문입니다. 결코 잊지 말아야 할 것이 있다면 나를 선택하시고 만나주시는 것은 전적으로 하나님의 뜻에 달려 있다는 것입니다. 구원도 마찬가지입니다. 하나님은 우리의 허물 많음에도 불구하고, 약점 많음에도 불구하고, 우리가 부족한 사람임에도 불구하고 우리를 구원시켜 주셨습니다. 아무리 천만번을 되새겨 보아도 하나님의 전적인 은혜임을 발견합니다. 이러한 구원을 보다 상세하게 보여주는 말씀이 본문입니다. 벤저민 B. 워필드(Benjamin B. warfield, 1851~1921)는 본문 말씀을 가리켜 기독교의 진리를 한 줄에 꿰어 놓은 '황금 사슬(golden chain)'이라고 평가했습니다. 그렇다면 하나님의 구원 계획이란 무엇일까요?

미리 아심입니다.

"하나님이 미리 아신 자들을"(롬 8:29상).

놀랍게도 하나님이 미리 아신 사람들이 있었습니다. 이는 실로 가슴 벅찬 말씀입니다. 하나님이 미리 아신 사람들은 바로 28절 말씀에 있었던 '하나님을 사랑하는 자 곧 그의 뜻대로 부르심을 입은 자들'을 말합니다. 다시 말해 '하나님께 선택받은 그리스도인들'을 가리킵니다. 만약 우리 그리스도인들을 하나님께서 일찍이 아신 사람이라면, 하나님의 뜻대로 부르심을 입은 사람이라면, 하나님께 선택받은 그리스도인이라면 그것은 전적으로 '창세 전에', '우리가 태어나기 전에' 하나님이 결정하신 일입니다. 확정하신 일입니다.

하나님이 미리 아셨다는 말씀은 참으로 오묘하고 신비한 말씀입니다. 인간의 머리로는 감당하기 벅찬 말씀입니다. 그럼에도 불구하고 우리 그리스도인들은 이 말씀이 거짓 없는 살아있는 진리의 말씀임을 확실히 믿습니다.

"곧 창세 전에 그리스도 예수 안에서 우리를 택하사"(엡 1:4).

"우리가 항상 너희에 관하여 마땅히 하나님께 감사할 것은 하나님이 처음부터 너희를 택하사"(살후 2:13).

미리 정하심입니다.

"미리 정하셨으니"(롬 8:29중).

"또 미리 정하신 그들을"(롬 8:30상).

미리 정하셨다는 것은 특별하게 쓰시기 위함입니다. 특별한 목적이 있기 때문입니다. 합당한 이유나 계획이 있기 때문입니다. 이런 것을 볼 때 아무나 미리 정하지 않는다는 것을 알 수 있습니다. 잘나고 못난 것을 떠나 미리 정해졌다는 것은 그만큼 필요했기 때문에 선택된 일입니다. 그러므로 그리스도인들은 하나님께서 무엇을 위해 그리스도인 되게 하셨는지 끊임없이 생각해야 합니다. 그리고 거룩하게 고민해야 합니다. 수시로 질문해야 합니다. 그렇게 할 때 그리스도인의 본분을 놓치지 않을 수 있습니다. 사도 바울은 하나님이 미리 정하신 것에 대해 이렇게 말씀합니다.

"그 기쁘신 뜻대로 우리를 예정하사 예수 그리스도로 말미암아 자기의 아들들이 되게 하셨으니"(엡 1:5).

"모든 일을 그의 뜻의 결정대로 일하시는 이의 계획을 따라 우리가 예정을 입어 그 안에서 기업이 되었으니"(엡 1:11).

사도 바울에 의하면 하나님이 미리 정하신 이유는 먼저 하나님의 아들, 하나님의 자녀 삼으시기 위함입니다. 그리고 하나님의 기업, 즉 하나님의 상속자로 삼으시기 위함이라고 말씀합니다.

부르심입니다.

"또 미리 정하신 그들을 또한 부르시고"(롬 8:30상).

여기에서 부르심은 특별한 부르심을 말하는데 하나님의 뜻대로 부르심을 받은 사람을 말합니다. 즉 그리스도인을 말합니다. 따라서 세상에서는 그리스도인들이 적은 수에 불과할 것입니다. 믿음으로 사는 그리스도인들이 결코 많지 않을 것입니다. 소수에 불과한 그리스도인들만이 부르심에 응답할 것입니다. 결코 모든 사람이 예수 그리스도를 믿지는 않을 것입니다. 하나님께서 부르시는 자만이 부르심에 반응할 것입니다. 이렇게 특별하게 부르심을 받은 사람들에게는 언제나 체험이 있습니다. 간증이 있습니다. 건전한 생각이 있습니다. 사도 바울은 부르심을 은혜라고 말합니다.

> "하나님이 우리를 구원하사 거룩하신 소명으로 부르심은 우리의 행위대로 하심이 아니요 오직 자기의 뜻과 영원 전부터 그리스도 예수 안에서 우리에게 주신 은혜대로 하심이라"(딤후 1:9).

그러므로 부르심은 완벽한 은혜입니다. 또한 이 특별한 부르심의 완벽한 모델은 사도 바울입니다. 사도 바울은 사울이었을 때 처음에는 처절하게 복음을 모독합니다. 점차 그리스도인들을 사정없이 핍박합니다. 하지만 다메섹 도상에서 자신을 부르시는 주님을 만납니다. 즉시 믿고 복음을 증거하고 복음을 위해 헌신합니다. 결국 순교의 제물로 쓰임 받습니다. 사도 바울처럼, 사도 바울의 변화가 우리 그리스도인들에게도 똑같이 일어났다는 사실을 온전히 알아야 합니다.

의롭다 하심입니다.

"부르신 그들을 또한 의롭다 하시고"(롬 8:30중).

그리스도인을 의롭다 하십니다. 믿음으로 구원받았기에 의롭다 하십니다. 의롭다 하신다는 이 말씀은 언제나 믿음과 상관관계를 맺고 있습니다.

"그러므로 우리가 믿음으로 의롭다 하심을 받았으니"(롬 5:1).

의롭다 하심은 단순히 죄 용서를 의미하지 않습니다. 그것은 죄 용서함 받는 것보다 훨씬 더 큰 것입니다. 따라서 의롭다 하심은 하나님께서 전적으로 죄 없음을 선언하시는 것을 의미합니다. 하나님께서 마치 우리가 죄를 전혀 짓지 아니한 것처럼 여겨주시는 것을 말합니다. 우리가 옳다고 선언해 주시는 것입니다. 최초로 의롭다 하심을 인정받은 사람은 아브라함이었습니다.

"아브람이 여호와를 믿으니 여호와께서 이를 그의 의로 여기시고"(창 15:6).

"아브라함이 바랄 수 없는 중에 바라고 믿었으니"(롬 4:18~24).

"그러므로 그것이 그에게 의로 여겨졌느니라 그에게 의로 여겨졌다 기록된 것은 아브라함만 위한 것이 아니요 의로 여기심을 받을 우리도 위함이니"(롬 4:20~24).

영화롭게 하심입니다.

"의롭다 하신 그들을 또한 영화롭게 하셨느니라"(롬 8:30하).

영화는 개인의 죽음이나 부활 이후에 이루어지는 먼 미래의 사건입니다. 그러므로 이 땅에서는 결코 영화롭게 되지 않습니다. 부활의 아침이 오기까지는 몸은 영화롭게 되지 않습니다. 그럼에도 불구하고 영화를 말씀하심으로 믿음의 사람들은 결국 완벽하게 최종적으로 구원받을 것임을 말씀합니다. 따라서 영화는 결코 취소될 수없는 것입니다. 흔들릴 수 없는 것입니다. 절대적으로 확실한 것입니다. 반드시 이루어지는 것입니다. 예지, 예정, 소명, 칭의, 영화는이미 이루어진 것처럼 언급되었습니다. 이렇게 성취된 것처럼 언급한 까닭은 이 모든 일들이 결코 변화됨 없이 하나님의 뜻대로 온전히 이루어질 것이기 때문입니다.

"그러나 우리의 시민권은 지금 하늘에 있는지라 거기로부터 구원하는 자곧 주 예수 그리스도를 기다리노니 그는 만물을 자기에게 복종하게 하실수 있는 자의 역사로 우리의 낮은 몸을 자기 영광의 몸의 형체와 같이 변하게 하시리라"(빌 3:20~21).

구원받은 그리스도인들은 예수 그리스도와 같아진다고 말씀합니다. 예수 그리스도와 같이 영화롭게 된다고 말씀합니다.

하나님의 구원 계획을 상세하면서도 장엄하게, 완벽하면서도 감동적으로 순서에 따라 살펴보았습니다. 여기에서 특별히 구원을 깊이 있게 생각해 보면 다음과 같습니다. 미리 아심(豫知)과 미리 정하심(豫定)은 과거 구원이라고 말할 수 있습니다. 부르심(召命)과 의롭다 하심(稱義)은 현재 구원이라 말할 수 있습니다. 영화롭게 하심(榮華)은 미래 구원이라 말할 수 있습니다. 현재의 구원받은 그리스도인의 눈으로 봤을 때 과거는 어떤 상황이었는지, 앞으로 미래에 어떻게 될 것인지 알 수 있다는 말씀입니다.

따라서 본문 말씀은 확실한 말씀이면서 완벽한 말씀입니다. 용기를 주는 말씀이면서 승리를 보여주는 말씀입니다. 그리스도인들이 이 땅 위에서 어떻게 살아야 할 것인지를 보여주는 귀중한 말씀입니다. 그렇다면 예지, 예정, 소명, 칭의, 영화를 통해 위대한 진리의 말씀을 보여주신 하나님의 깊은 뜻은 무엇일까요? 일찍이 구별하시고 선택하셔서 그리스도인이 되게 하신 하나님의 뜻은 무엇일까요? 하나님의 구원 계획은 무엇일까요? 그것은 한마디로 예수 그리스도를 닮게 하기 위해서입니다. 그렇다면 내적으로나 외적으로나 본질적으로나 인격적으로나 예수 그리스도를 닮아가는 그리스도인들이 많아져야 하지 않겠습니까?

"

의롭다 하심은 단순히 죄 용서를 의미하지 않습니다.
그것은 죄 용서함 받는 것보다 훨씬 더 큰 것입니다.
따라서 의롭다 하심은 하나님께서 전적으로 죄 없음을
선언하시는 것을 의미합니다.
하나님께서 마치 우리가 죄를 전혀 짓지 아니한 것처럼
여겨주시는 것을 말합니다.
우리가 옳다고 선언해 주시는 것입니다.

"

"그런즉 이 일에 대하여 우리가 무슨 말 하리요

만일 하나님이 우리를 위하시면 누가 우리를 대적하리요."

– 롬 8:31

24장

'그런즉' 그리고 '누가'

중국 북송 시대에 문동(文同)이라는 사람은 대나무 그림의 대가였습니다. 한번은 그의 친구가 대나무 그림을 잘 그리는 비결을 물었습니다. 그러자 문동은 이렇게 대답했습니다. "유성죽흉(有成竹胸)."

대나무를 그리기 전에 이미 그 마음속에 대나무 그림이 완성되어 있다는 말입니다. 문동의 이 말이 얼마나 지혜롭고 귀한 말인지 알 수 없습니다. 세상살이 속에서도 어떤 일이든지 시작하기 전에 계획을 충분히 가지고 있을 때 성공할 확률이 높습니다. 미리미리 준비하고 생각을 세밀하게 갖고 있을 때 잘될 가능성이 훨씬 많습니다. 즉흥적인 시도보다 장기적인 안목으로 행동할 때 앞서갈 수 있는 것은 당연합니다.

하나님의 일하심도 이와 같지 않겠습니까? 이미 하나님의 마음과 생각 속에 모든 그림이 작정되어 있지 않겠습니까? 하나님의 시간 속에 하나님의 뜻이 온전하게 설계되어 있지 않겠습니까? 하나님의 활동하심은 계획된 정확한 움직임이 아니겠습니까? 하나님은 모든 영역에 있어 조금도 흐트러짐 없이 완벽하게 뜻하시고 계획하신 대로 일하시는 하나님입니다. 그래서 하나님은 전지전능(全知全能)하신 하나님입니다.

이러한 사실을 볼 때 세상에서 가장 씩씩하고, 용감하고, 당당한 사람들은 과연 누구겠습니까? 하나님의 백성 아닙니까. 구원받은 사람들이 아닙니까. 믿음으로 살아가는 사람들이 아닙니까. 하나님만 바라보며 살아가는 사람들이 아닙니까. 이 땅 위에서 하나님의 영광을 위하여 귀한 삶을 살아가는 선택된 소수의 사람이 그리스도인입니다. 거친 세상에서 비록 좌충우돌하며 살아갈지라도 믿음으로 살아가는 사람들이 그리스도인입니다. 세상 속에서 하나님의 은혜를 경험했기에 그 어떤 환경이나 조건에 처해 있든지 간에 감사하는 사람들이 그리스도인입니다.

왜냐하면 하나님께서 우리의 부족함에도 불구하고 우리를 불쌍히 여기셔서 구원해 주셨기 때문입니다. 우리에게 영원한 생명을 주셨기 때문입니다. 천국 백성 되게 하셨기 때문입니다. 그러므로 그리스도인은 언제나 하나님의 선한 뜻을 찾고 하나님의 선한 뜻을 추구해야 합니다. 하나님이 언제나 공급하시는 힘으로 살기를 작정해야 합니다. 하나님의 온전한 백성으로서의 사명을 잊지 말아야 합니다. 이처럼 하나님과 그리스도인의 관계에서 하나님이 구원받은 사람들을 귀하게 여기신다면 무엇을 두려워하겠습니까? 하나님이 믿음으로 사는 사람들을 지키시고 계신다면 무엇을 염려하겠습니까? 하나님이 하나님만을 바라보며 살아가는 사람들을 주시하고 계획대로 이끄신다면 무엇을 의심하겠습니까? 이런 것을 생각해 볼 때 본문에서 강조하고 있는 '그런즉' 그리고 '누가'는 무엇을 말씀하고 있는 것일까요?

하나님의 구원사역에 대해 할 말이 없다는 말입니다.

"그런즉 이 일에 대하여 우리가 무슨 말 하리요"(롬 8:31상).

'이 일'은 무엇을 말하는 것입니까? 그것은 한마디로 그리스도인을 구원하시기 위한 하나님의 구원사역을 가리킵니다. 하나님께서 구원사역을 위해 어떻게 일하셨는지 상세하게 구체적으로 보여 주신 29절에서 30절 말씀을 말하는 것입니다. 예를 들면 미리 아신 자, 미리 정하신 자, 부르신 자, 의롭다 하신 자, 영화롭게 된 자입니다. 이들을 또 다른 표현으로 구원받은 사람, 곧 그리스도인이라 부르는 것입니다.

그러므로 어떤 사람이 믿음으로 구원받아 그리스도인이 되었다면 우리는 할 말이 없다는 말입니다. 그것은 전적으로 하나님이 하신 일이기 때문입니다. 이러한 구원이 하나님의 뜻과 계획과 목적에 따라 확실하게 이루어진 것이라면 우리는 더 이상 무슨 말을 할 입장이 아니라는 말입니다. '우리가 무슨 말 하리요' 비록 부족하고 형편없고, 못 배우고, 가난하고, 보잘것없고, 연약한 중에 구원받았다고 할지라도, 또 한편으로는 그 어떤 형편에서 구원받았다고 할지라도 우리가 하나님의 구원하심에 대해 무슨 말을 할 수 있겠느냐는 말씀입니다. 피조물인 우리로서는 그 어떤 의견도, 그 어떤 문제제기도, 그 어떤 말도 말할 수 없다는 것입니다.

사실 하나님께서 어떤 사람은 구원하고, 어떤 사람은 구원하지 않는지 우리는 알 수 없습니다. 이 사람은 여러모로 구원받을 수 있는 인간적인 조건이 충분한데 왜 구원시켜 주지 않고, 저 사람은 인간적으로 형편없는데 왜 저렇게도 쉽게 구원시켜 주는지 알 수 없습니다. 어떤 사람은 고난의 훈련을 철저하게 시키시고 난 후에 구원시켜 주고, 어떤 사람은 고난의 훈련을 받아 본 적도 없는데 구원시켜 주는지 알 수가 없습니다.

그러므로 우리는 하나님의 구원사역에 대해 이렇다 저렇다 할 말이 없는 것입니다. 거기에 어떤 이유를 달 수 없는 것입니다. 불평과 불만이 있을 수 없는 것입니다. 우리는 다만 이해할 수도 이해될 수도 없지만 하나님의 구원사역 앞에 잠잠할 뿐입니다. 하나님의 절대적인 구원 방식에 순종할 뿐입니다. 하나님의 일하심에 감격할 뿐입니다. 왜냐하면 하나님의 구원사역은 전적으로 하나님이 역사하신 일이기 때문입니다. 하나님의 계획대로 성취하셨기 때문입니다. 하나님만이 하실 수 있는 방법이기 때문입니다. "그런즉 이 일(구원사역)에 대하여 우리가 무슨 말 하리요."

하나님이 나의 편이기에 대적할 자가 없다는 말입니다.

"만일 하나님이 우리를 위하시면 누가 우리를 대적하리요"(롬 8:31하).

"하나님이 우리를 위하시면"이라는 말씀을 달리 표현하면 '하나님이 나의 편이시라면'이라고 할 수 있습니다. 이 말씀의 구체적인 내용은 32절에서 34절까지에 잘 나타나 있습니다. 32절 말씀은 독생자 예수 그리스도를 우리들을 위하여 죽음의 자리까지 아낌없이 내어주셨다는 말씀입니다. 33절 말씀은 선택하신 하나님의 백성들을 의롭다고 불러 주셨다는 말씀입니다. 34절 말씀은 그리스도인들을 위하여 기도하고 계신다는 말씀입니다.

위와 같은 놀라운 말씀들을 볼 때 하나님이 나와 여러분의 편이시라면 목숨까지 아낌없이 주신 구원자 예수 그리스도께서 계시는데 무슨 걱정이 있겠습니까? 의롭다고 불러주시는 하나님이 계시는데 당당하게 살지 못할 일이 어디 있겠습니까? 중보기도해 주시는 예수 그리스도께서 계시는데 어떤 일을 하더라도 자부심이 있지 않겠습니까? 그러므로 하나님이 나의 편이심을 믿고 늘 의미 있게, 뜻 있게, 감사하며 살아야 합니다.

성경은 그리스도인의 삶이 결코 쉽다고 말하지 않습니다. 세상에서 어려움과 고통이 있다고 말합니다. 핍박과 환난이 닥칠 것이라고 말합니다. 오해와 손가락질과 미움을 받을 것이라고 말합니다. 갈등과 아픔을 겪어야 할 것이라고 말합니다. 마귀와 끊임없이 싸워야 한다고 말합니다. 살아있는 한 투쟁하며 살아야 한다고 말합니다. 눈물과 배신과 위선과 거짓과 교만과 기타 여러 가지 문제들을 상대하며 살아야 한다고 말합니다.

그럼에도 불구하고 "하나님이 우리를 위하시면 누가 우리를 대적하리요"라는 말씀이 있기에 위로가 됩니다. 격려가 됩니다. 용기를 얻습니다. 하나님이 나의 편이시라면 무엇이 두렵고, 무엇이 힘들며, 무엇이 어렵겠습니까? 이 말씀은 하나님이 우리 입장에 서 계신다는 말씀입니다. 하나님께서 나에게 관심이 있으시다는 말씀입니다. 하나님께서 구원받은 사람들에게 집중하시겠다는 말씀입니다. 하나님은 변함없이 그리스도인 편이라는 말씀입니다.

"여호와는 내 편이시라 내가 두려워하지 아니하리니 사람이 내게 어찌할까"(시 118:6).

말씀을 요약해 보면 그리스도인들은 어떤 상황 속에서도 하나님의 구원사역에 대해 이런 말, 저런 말을 할 입장이 아니라는 것입니다. 할 말이 없다는 말입니다. 그 어떤 불만과 불평도 있을 수 없다는 말입니다. 오로지 할 수 있는 일이라고는 그저 감격하고, 감사하는 것뿐입니다. 하나님 앞에서 구원받은 존재가 되었다는 현실 앞에 마음 깊이 하나님을 찬양하는 일뿐입니다. 구원받은 믿음의 사람답게 살아 하나님을 기쁘시게 하는 것이 그리스도인들이 해야 할 일입니다.

그리고 하나님은 나의 편이기에 그리스도인들은 용기를 갖고 용감하게 살아야 한다는 것입니다. 하나님이 나의 편이기에 그 누구도 대적할 자가 없다는 말입니다. 모든 것을 아시며 작은 신음에도 응답하시고 사랑으로 품어 주시는 분이 나의 편 되시는 하나님이십니다. 삶의 어떤 자리에 있든지 간에 언제나 나의 편 되시는 하나님이 계심을 신뢰할 때 진정한 평안과 안식과 용기와 은혜를 맛볼 수 있습니다. 하나님은 언제나 나의 편이십니다.

66

하나님께서 어떤 사람은 구원하고,
어떤 사람은 구원하지 않는지 우리는 알 수 없습니다.
이 사람은 여러모로 구원받을 수 있는
인간적인 조건이 충분한데 왜 구원시켜 주지 않고,
저 사람은 인간적으로 형편없는데 왜 저렇게도
쉽게 구원시켜 주는지 알 수가 없습니다.
그러므로 우리는 하나님의 구원사역에 대해
이렇다 저렇다 할 말이 없는 것입니다.

99

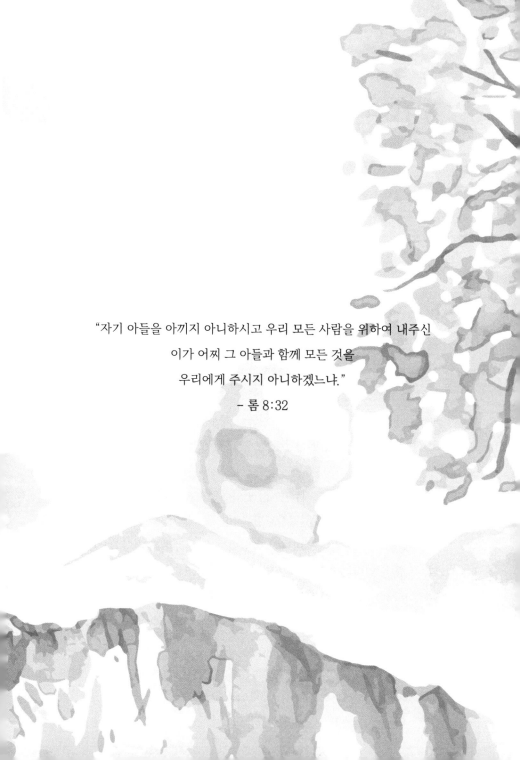

"자기 아들을 아끼지 아니하시고 우리 모든 사람을 위하여 내주신

이가 어찌 그 아들과 함께 모든 것을

우리에게 주시지 아니하겠느냐."

– 롬 8:32

25장

하나님의 엄청난 사랑

효율적인 삶, 능률적인 삶을 최대한 추구하는 현대 사회에서 살다 보니 누리고 있는 것을 잊어버리고 살 때가 많이 있습니다. 짧은 세월 한 번 사는 인생에서 진정한 삶은 하나님이 주신 행복입니다. 다시 말해 가정생활, 직장생활, 신앙생활 등을 누리는 것인데 그것을 잊고 살 때가 많습니다. 보통 사람들은 얼마나 많은 것을 모았느냐에 관심을 가질 때 얼마나 삶의 행복을 누렸는가에 대해 관심을 갖고 사는 사람들도 세상에는 있다는 것을 알아야 합니다.

멕시코의 수도 멕시코시티 한 시장 구석에서 한 인디언 노인이 양파 스무 줄을 놓고 팔고 있었습니다. 시장 구경을 하던 한 미국인이 노인에게 양파 한 줄이 얼마냐고 물었더니 10센트라고 대답했습니다. 두 줄은 얼마냐고 물으니 20센트라고 답하고 그럼 세 줄은 얼마냐고 재차 물으니 30센트라고 했습니다. 많이 사도 깎아주지 않으니 모두 사면 얼마냐고 묻자 모두는 팔지 않는다는 것이었습니다.

왜 모두를 팔지 않느냐고 물으니 지금 모든 것을 팔면 집으로 돌아가야 하니 이 시장의 즐거움을 맛보는 행복을 잃게 된다는 것이었습니다. 물건을 파는 것보다 시장의 삶을 누리는 게 더 중요하다는 말이었습니다.

빨리 돈을 많이 버는 것보다 주어진 삶을 누리며 행복을 맛보는 것을 택한 가난한 인디언 노인이 정말 귀하지 않습니까? 많은 것을 소유하고도 바쁘게 사느라 그 일의 행복을 모르는 사람들보다 훨씬 낫지 않습니까? 이런 이야기를 들으면서 그리스도인으로 생각해보아야 할 것이 있습니다. 이 땅 위에서 구원받은 그리스도인으로서 얼마나 구원의 감격과 하나님의 사랑을 누리고 있습니까? 신앙생활의 기쁨과 예배의 감동을 맛보고 있습니까?

본문 말씀은 인간 구원을 위한 하나님의 엄청난 사랑을 소개하고 있는 말씀입니다. 이 말씀을 통해 하나님의 엄청난 사랑을 발견하고 깨닫고 누렸으면 하는 마음이 간절합니다. 안타깝게도 그리스도인들이 구원받았다고 하면서도 늘 하는 말이 있습니다. 시간이 얼마나 빠른지 시간이 없다고 말합니다. 무슨 일이 늘 그렇게 많은지 정신이 없을 정도로 바쁘다고 말합니다. 많으면 많은 대로 여유가 없고, 없으면 없어서 여유가 없다고 말합니다. 언제나 환경이 받쳐주지 않는다고 말합니다. 그럼에도 불구하고 이 모든 것들을 뒤로 하고 이 시간만큼은 말씀 속에 함께 동참하여 은혜를 누렸으면 좋겠습니다. 본문에서 말씀하는 하나님의 엄청난 사랑이란 어떤 의미입니까?

하나님의 크고 놀라운 사랑을 말씀합니다.

"자기 아들을 아끼지 아니하시고"(롬 8:32상).

하나님께서 독생자 예수 그리스도를 희생 제물로 내어주신 것은 아브라함이 자신의 외아들 이삭을 하나님께 제물로 바치려 했던 사건과 비슷합니다. 하지만 두 사건의 차이는 너무나 크다는 것을 알 수 있습니다. 이삭에 대해서는 하나님께서 숫양을 예비하셔서 이삭을 살리시고 숫양을 대신 제물로 삼으신 것과는 달리 예수 그리스도에 대해서는 하나님께서 기어코 끝까지 십자가의 제물로 삼으셨다는 점입니다. 이런 상황을 볼 때 예수 그리스도의 값진 희생은 비록 너무나 처절하고 가슴 아픈 일이었으나 구원받은 그리스도인들에게는 기회였고, 은혜였으며, 특권이 되었습니다. 이것은 하나님께서 자기 아들을 아끼지 않으시고 내어주셨기 때문에 일어난 대사건입니다. 만약 하나님께서 예수 그리스도를 아끼셨다면 어떻게 되었을까요? 생각만 해도 아찔합니다.

'아끼다'라는 말은 '붙들다', '보관해 두다'라는 뜻입니다. 다시 말해 '아끼다'라는 말은 절대 포기할 수 없는 귀중한 보물처럼 단단히 소유하려는 강한 애착을 말합니다. 대체적으로 많은 사람이 물질, 시간, 육체 등을 아낍니다. 그런 중에 공통적으로 나타나는 현상들이 있음을 발견했습니다. 아끼면 어떻게 되는지 알게 됐습니다. 가장 먼저 아낀 것들이 썩는 것을 보았습니다. 제때 활용하지 않고 사용하지 않으면 썩습니다. 다음으로 다른 사람이 가지고 가는 것을 보았습니다. 아끼면 내 것이 남의 것이 된다는 것을 알았습니다. 끝으로 너무 아끼면 결국 후회하는 것을 보았습니다. 한숨 쉬고, 아쉬워하고, 낙담하게 되었습니다. 성경은 아브라함이 외아들 이삭을 하나님 앞에 제물로 바치기를 아끼지 않았다고 말합니다.

"네가 네 아들 네 독자까지도 내게 아끼지 아니하였으니"(창 22:12).

하나님께서도 독생자 예수 그리스도를 십자가의 제물로 희생시키기를 아끼지 않으셨다고 말합니다. 아끼지 않으셨다는 말은 하나님의 크고 놀라운 사랑을 아낌없이 보여주는 귀한 말씀입니다. 그러므로 하나님의 크고 놀라운 사랑은 결코 작아질 수 없고, 결코 변화될 수 없으며, 결코 없어질 수 없는 것입니다. 아끼지 아니하신 하나님의 크고 놀라운 사랑은 우리 마음에 부어 주신 사랑이었습니다 (롬 5:5). 죽음을 불사한 사랑이었습니다(롬 5:8). 목숨을 버리시는 사랑이었습니다(요 10:15; 요일 3:16). 먼저 사랑하신 사랑이었습니다(요일 4:10).

하나님의 확실한 사랑을 말씀합니다.

"우리 모든 사람을 위하여 내주신 이가"(롬 8:32중).

하나님은 모든 사람이 구원받기를 원하십니다. 그 어느 누구도 구원에서 버림받는 것을 원하지 않으십니다. 그런 구원을 모두에게 주기 위해 예수 그리스도께서 이 세상에 오셨고 십자가에 못 박혀 죽으셨습니다. 이처럼 사람들을 구원하기 위해 아낌없이 예수 그리스도를 십자가의 제물로 삼으신 분은 하나님이셨습니다. 온 사지가 찢기고 못 박혀 피로 얼룩지고 피로 범벅이 된 십자가 사건, 인간으로서는 도저히 감당하기 어려울 정도로 비참하고 처절했던 십자가의 현장, 결국 인류의 구원을 위해 아낌없이 죽으셔야 했던 십자가에서의 죽음을 하나님께서 직접 하셨다고 말씀합니다. 이것을 달리 표현하면 이렇습니다. 하나님께서 계획하셨고, 일하셨으며, 내어 주셨다고 말씀하고 계신 것입니다. 이 말씀은 하나님이 전적으로 하셨다는 것을 선언하고 선포하는 것입니다. 이것이 바로 하나님의 확실한 사랑입니다.

"그가 하나님께서 정하신 뜻과 미리 아신 대로 내준 바 되었거늘"(행 2:23).

"예수께서 대답하시되 위에서 주지 아니하셨더라면 나를 해할 권한이 없었으리니"(요 19:11).

그렇다면 하나님께서 왜 예수 그리스도를 십자가에 내어 주셨을까요? 그것은 한마디로 우리의 범죄 때문입니다. 원죄와 스스로 범한 죄로 인해 형편없이 살아가는 우리를 보시고 구원시켜 주시기 위해 십자가에 예수 그리스도를 내어 주셨던 것입니다. 사람들의 삶에는 언제나 범죄가 넘쳐납니다. 물론 자신이 선하게 산다고 말하는 사람들도 있겠지만 사실 따지고 보면 죄짓지 않고 살아가는 사람은 세상에 하나도 없습니다. 따라서 문제는 언제나 우리의 범죄에 있었습니다. 본능적으로 자신도 모르게 저지르는 범죄, 환경에 따라 알게 모르게 저지르는 범죄, 살아가기 위해 발버둥 치고 애쓰다가 저지르는 범죄 등이 있습니다. 이런 것들이 문제입니다.

"예수는 우리가 범죄한 것 때문에 내줌이 되고 또한 우리를 의롭다 하시기 위하여 살아나셨느니라"(롬 4:25).

성경은 분명하게 나와 여러분의 범죄를 대신하기 위하여 독생자 예수 그리스도를 십자가에 사정없이 아끼지 않으시고 내어주신 분이 하나님이라고 거듭거듭 말씀합니다. 이 사실은 측량할 수 없는 하나님의 확실한 사랑을 아낌없이 보여주는 것입니다.

"친히 나무에 달려 그 몸으로 우리 죄를 담당하셨으니 이는 우리로 죄에 대하여 죽고 의에 대하여 살게 하심이라 그가 채찍에 맞음으로 너희는 나음을 얻었나니"(벧전 2:24).

하나님의 풍성한 사랑을 말씀합니다.

"어찌 그 아들과 함께 모든 것을 우리에게 주시지 아니하겠느냐"(롬 8:32하).

'모든 것'이라는 말은 다른 말로 '전부 다'라고 할 수 있습니다. 부족함이 전혀 없는 상태를 말하기도 합니다. 필요한 모든 것을 가질 수 있다는 뜻입니다. 풍성하다는 말입니다. 이런 삶을 산다는 것은 놀라운 특권입니다. 본문은 '모든 것을 우리에게 주시지 아니하겠느냐'라고 강조합니다. 여기에서의 '모든 것'은 구원 자체는 물론 그리스도인들이 궁극적 성화의 단계 즉, 다시 말해 구별되게 살아가는 거룩한 삶의 단계에 이르는 데 필요한 모든 것을 가리킵니다. 예를 들면 기쁨, 감사, 화목, 건강, 행복 등을 말합니다. 또 다른 측면에서 의(衣), 식(食), 주(住), 가정, 직업, 등을 말하기도 합니다. 베드로 사도는 이렇게 말합니다. 우리에게 좀 더 분명하면서 정확하게 다음과 같이 말합니다.

"그의 신기한 능력으로 생명과 경건에 속한 모든 것을 우리에게 주셨으니"(벧후 1:3).

"생명과 경건에 속한 모든 것"이란 믿음, 소망, 사랑을 말합니다. 부활을 말합니다. 영원한 생명을 말합니다. 천국을 말합니다. 면류관(상급)을 말합니다. 이것이 구원받은 그리스도인들에게 주시려는 하나님의 풍성한 사랑입니다. 그러므로 그리스도인들은 마땅히 믿지 않는 일반인들과는 다른 삶을 살아야 합니다. 생각하는 것도, 삶의 태도도, 바라보는 것도, 성취하고자 하는 것도 달라야 합니다. 하나님께서 생명과 경건에 속한 모든 것을 주셨다면 이것은 세상과 비교할 수 없는 엄청난 특권이 아닐 수 없습니다. 이러한 특권을 잘 간직하는 것도 필요합니다. 이러한 특권을 잘 활용하는 것도 필요합니다. 이러한 특권을 잘 누리는 것도 필요합니다.

이에 대해 사도 바울은 정확하게 언급합니다. 믿음으로 구원받은 그리스도인들이 어떻게 생각하고, 어떻게 살아가야 하는지를 보다 분명하게 강조합니다. 그것은 가장 먼저는 하나님을 기쁘시게 하는 것입니다. 그리고 선한 열매를 맺는 것입니다. 다음으로 하나님을 아는 지식에 자라가는 것입니다.

"주께 합당하게 행하여 범사에 기쁘시게 하고 모든 선한 일에 열매를 맺게 하시며 하나님을 아는 것에 자라게 하시고"(골 1:10).

하나님은 그리스도인들에게 생명과 경건에 속한 모든 것을 주셨습니다. 이러한 사실을 잘 알고, 잘 깨닫고, 잘 받아들여 풍성한 삶을 살아야 합니다. 더불어 이것이 곧 하나님의 풍성한 사랑이라는 것을 알아야 합니다.

성경 말씀처럼 인생은 안개와 같이 짧습니다. 일을 미뤄 놓고 늑장을 부릴 만큼 주어진 시간이 길지 않습니다. 사람이 70년을 산다고 했을 경우 잠자는 데 20년, 일하는 데 24년, 먹는 데 6년, 놀고 치장하는 데 5년, 다른 사람이나 차를 기다리는 데 3년 반, 신발 끈을 매는 데 반년이 걸린다고 합니다.

이러한 인생살이 가운데 믿음으로 구원받았다면 이것은 실로 기적적인 사건입니다. 하나님의 엄청난 사랑이 없었다면 감히 꿈도 꾸지 못할 구원입니다. 따라서 하나님의 크고 놀라운 사랑, 하나님의 확실한 사랑, 하나님의 풍성한 사랑을 세상 속에서 경험한다면 이 세상의 모든 것이 나의 것이 될 것입니다. 하나님의 엄청난 사랑 때문에 구원받았다는 것을 아는 것보다 귀한 것은 없습니다.

66

예수 그리스도의 값진 희생은 비록 너무나 처절하고
가슴 아픈 일이었으나 구원받은 그리스도인들에게는 기회였고,
은혜였으며, 특권이 되었다는 사실입니다.
이것은 하나님께서 자기 아들을 아끼지 않으시고
내어주셨기 때문에 일어난 대사건입니다.

99

"누가 능히 하나님께서 택하신 자들을 고발하리요

의롭다 하신 이는 하나님이시니."

- 롬 8:33

26장

누가 고발하리요

사람이 살다 보면 때로는 오해를 받거나 무성한 소문 때문에 마음고생하는 경우가 생깁니다. 사람의 속을 뒤집어 보일 수 있는 것도 아니고 한번 오해하거나 소문을 믿고 있는 사람의 생각을 바꿔놓기도 쉽지 않아서 속앓이가 심해지고 정신적 고통에 시달리기도합니다. 자칫 이럴 때 많은 말로 변명하거나 설명하는 것은 말꼬리로 이어지고 트집 잡히기 십상이어서 오히려 문제를 부풀리고 확산되게 만드는 부작용을 낳기도 해 여간 조심스러운 것이 아닙니다. 그렇다고 해서 말없이 지나간다고 소문이 없어질 것도 아니기에 곤혹스럽습니다.

이럴 때 우리 그리스도인들은 어떻게 해야 할까요? 우선은 하나님의 간섭하심과 다스리심을 믿고 기도하면서 기다려야 합니다. 때가 되면 하나님은 의로운 자들을 정오의 태양처럼 빛나게 하시고 숨겨진 진실을 드러내시기 때문입니다. 그리고 한편으로는 적은 말로 진실을 정확하게 표현하려는 시도가 필요합니다. 당황하거나 생각이 혼란스러우면 안 되기 때문입니다. 더불어 무엇보다 중심의 평정을 유지하려는 마음가짐이 있어야 합니다. 왜냐하면 마음이 혼란스럽지 않아야 원만한 대화와 설득이 가능하기 때문입니다. 출렁거리는 물결은 바닥을 변형된 모습으로 보이게 하지만 고요한 물결은 바닥을 온전히 보이게 만들지 않습니까?

하나님의 간섭과 다스리심을 믿고 기도하면서 기다리고, 적은 말로 진실을 정확하게 표현하고, 중심의 평정을 유지하려는 마음가짐만 확실하게 있다면 오해로 인한 마음의 속앓이는 언젠가 때가 되면 회복될 것입니다. 여기에 하나 더 가장 중요한 것이 있습니다. 그것은 "누가 나를 고발하리요"라고 하는 강한 믿음이 있어야 한다는 것입니다. 강한 믿음이 있다면 오해는 아무것도 아니라는 것을 알게 됩니다. 강한 믿음이 결국 오해를 이기고 벗어나게 하는 원동력이 됩니다.

돌이켜보면 지난 2000여 년의 기독교 역사 동안 교회와 그리스도인들은 세상으로부터 온갖 오해와 비방과 억측과 조롱과 모함과 시기와 고통을 받아왔습니다. 율법 교사였던 가말리엘이 했던 말처럼 이 진리가 사람으로부터 난 것이면 스스로 무너졌을 것입니다(행 5:38~39). 그러나 이 진리는 하나님으로부터 나온 진리였기에 오해와 모함과 거짓 속에서도 오히려 더 왕성하게 살아 숨 쉬고 있는 것입니다. 과거를 뛰어넘어 현재에 이르기까지 그리고 앞으로도 계속

기독교 역사는 살아 움직일 것입니다. 왜냐하면 "누가 나를 고발하리요"라는 강한 믿음이 오고 오는 그리스도인들에게 있기 때문입니다. 어떻게 이런 강하고 담대한 믿음이 가능할까요?

하나님이 전적으로 선택하셨다는 확신이 있기 때문입니다.

"누가 능히 하나님께서 택하신 자들을 고발하리요"(롬 8:33상).

우리 그리스도인들을 성경은 어떻게 묘사하고 있을까요? 하나님이 택하신 자라고 말합니다(33절 상). 하나님의 뜻대로 부르심을 입은 자라고 말합니다(28절 상). 하나님이 미리 아신 자라고 말합니다(29절 상). 하나님이 미리 정하신 자라고 말합니다(29절 중). 하나님이 부르신 자라고 말합니다(30절 상). 하나님이 의롭다 하신 자라고 말합니다(30절중). 하나님이 영화롭게 하신 자라고 말합니다(30절 하). 이런 말씀들을 접할 때 너무나 놀랍지 않습니까? 너무나 가슴 벅차지 않습니까? 너무나 감동스럽지 않습니까? 벧전 2:9에서는 그리스도인을 한마디로 "하나님의 소유된 백성"이라고 말씀합니다. 이것을 달리 표현하면 이렇습니다. 하나님이 주인이라는 말씀입니다. 하나님께 소중한 존재라는 말씀입니다. 그러므로 그리스도인은 엄청난 특권을 가진 존재라는 것을 잊지 말아야 합니다.

우리 그리스도인들이 특별하고 구별된 귀한 사람이라는 것을 확실하게 그리고 분명하게 알았다면 그리스도인들은 어떤 상황 속에서든지 겁낼 필요가 없습니다. 기죽을 필요가 없습니다. 낙심하거나 절망할 필요가 없습니다. 본문의 말씀처럼 "누가 능히 하나님께서 택하신 자들을 고발하리요"라고 하는 강한 믿음만 있으면 되는 것입니다. 우리 그리스도인들은 강한 믿음을 갖고 하나님을 중심으로 살아가는 사람들입니다. 성경을 중심으로 살아가는 사람들입니다. 교회를 중심으로 살아가는 사람들입니다.

그럼에도 불구하고 불신자들은 그리스도인들에 대해 단순하게 이렇게 생각합니다. 착한 사람, 행실이 바른 사람, 술과 담배를 안 하는 사람, 교회 다니는 사람, 성경 책을 가지고 다니는 사람 등등. 이것은 부분적으로 알고 있는 시각입니다. 하나는 알고 둘은 모르는 관점입니다. 눈에 보이는 것으로 판단하는 사고방식입니다. 우리 그리스도인들은 세상 사람들이 어떤 시각으로 생각하든지 간에 오직 '하나님께서 선택하신 사람, 하나님의 뜻대로 부르신 사람, 하나님의 소유된 백성'이라는 명확한 사실에 항상 자부심과 당당함을 갖고 살아야 합니다. 그렇게 할 때 세상으로부터 오는 환난과 핍박과 조롱과 모함과 오해를 거뜬하게 이길 수 있는 것입니다. 명심합시다. "하나님이 나를 직접 선택하셨는데 누가 나를 고발하리요"라는 다윗의 고백을 들으며 하나님이 전적으로 선택하셨다는 사실 앞에 감사해야 합니다. 다윗의 고백이 나의 고백이 되어야 합니다.

"여호와는 나의 빛이요 나의 구원이시니 내가 누구를 두려워하리요 여호와는 내 생명의 능력이시니 내가 누구를 무서워하리요"(시 27:1).

하나님이 의롭다고 불러주셨기 때문입니다.

"의롭다 하신 이는 하나님이시니"(롬 8:33하).

성경을 자세히 살펴보면 그리스도인들이 죄짓는 것으로 인해 고발당하는 경우가 있습니다.

1) 양심이 고발합니다.

"이런 이들은 그 양심이 증거가 되어 그 생각들이 서로 혹은 고발하며 혹은 변명하여"(롬 2:15).

2) 율법이 고발합니다.

"율법으로 말미암지 않고는 내가 죄를 알지 못하였으니"(롬 7:7).

3) 사탄이 고발합니다.

"우리 형제들을 참소하던 자 곧 우리 하나님 앞에서 밤낮 참소하던 자가 쫓겨났고"(계 12:10).

양심, 율법, 사탄이 아무리 고발하고 고소한다 할지라도 우리에게는 아무런 효력이 없음을 확실하게 알아야 합니다. 왜냐하면 우리의 재판장 되시는 하나님께서 이미 우리 그리스도인들을 그리스도 안에서 의롭다고 선언하셨기 때문입니다.

"그리스도 예수 안에 있는 속량으로 말미암아 하나님의 은혜로 값없이 의롭다 하심을 얻은 자 되었느니라"(롬 3:24).

"그러므로 우리가 믿음으로 의롭다 하심을 받았으니"(롬 5:1).

"의롭다 하신 이는 하나님이시니"(롬 8:33절하).

하나님께서 그리스도인들을 향해 의롭다고 말씀하셨다면 우리는 잠잠히 순종하며 겸손하게 감사하면 됩니다. 하나님께 영광을 돌리며 자부심과 긍지를 가지고 귀하게 살면 됩니다. 이사야는 이렇게 담대하게 선포합니다.

"나를 의롭게 하신 이가 가까이 계시니 나와 다툴 자가 누구냐 … (중략) … 나의 대적이 누구냐 … (중략) … 보라 주 여호와께서 나를 도우시리니 나를 정죄할 자 누구냐"(사 50:8~9).

사도 바울은 이렇게 확실하게 선포합니다.

"그에게 의로 여겨졌다 기록된 것은 아브라함만 위한 것이 아니요 의로 여기심을 받을 우리도 위함이니 곧 예수 우리 주를 죽은 자 가운데서 살리신이를 믿는 자니라"(롬 4:23~24).

하나님께서는 우리 그리스도인들을 용서하셨을 뿐만 아니라 지금 우리를 의롭고, 거룩하고, 선한 사람으로 선언하시기를 기뻐하십니다. 예수 그리스도 안에서 모든 죄가 해결되었다고 말씀하십니다. 이는 예수 그리스도를 믿음으로 말미암아 의롭게 되었기 때문입니다. 이것을 달리 표현하면 이렇습니다. 죄를 지으면 벌(죗값)을 받아야 한다고 하나님께서 말씀하셨습니다. 그리고 당연히 죄를 벌하셨습니다. 죄를 벌하신 대상은 바로 예수 그리스도였습니다. 예수 그리스도에게 벌을 내리신 것입니다. 십자가의 처참한 형벌이 그것입니다. 따라서 하나님께서는 하나님의 아들이신 예수 그리스도에게 벌을 주셨기 때문에 나를 벌하지 않는 것입니다. 나에게 책임을 묻지 않으시는 것입니다. 나를 해방시켜 주신 것입니다.

하나님은 나의 죄를 예수 그리스도에게 옮기시고 예수 그리스도의 의는 나에게 옮겨 주셨습니다. 그리고 더 나아가 나를 의로운 사람으로 여기시고 나를 의롭다고 선언하십니다. 하나님께서 어떤 사람을 의롭다고 선언하셨다면 그 사람은 영원토록 하나님 보시기에 의로운 것입니다. 그것은 번복될 수 없는 것입니다. 한 번으로 끝난 것입니다. 그러므로 그 어느 누구도 나를 고발할 수 없습니다.

"하나님이 죄를 알지도 못하신 이를 우리를 대신하여 죄로 삼으신 것은 우리로 하여금 그 안에서 하나님의 의가 되게 하려 하심이라"(고후 5:21).

그리스도인들의 '누가 고발하리요'라는 강한 믿음, 담대한 믿음이 가능한 이유는 우선적으로 하나님이 전적으로 선택하셨다는 확신이 있기 때문입니다. 그리고 하나님이 그리스도인을 의롭다고 불러 주셨기 때문입니다. 이 모든 것들을 되새겨 볼 때 하나님의 은혜가 있었기에 가능한 일이었음을 고백하지 않을 수 없습니다. 그 어떤 것으로 이 은혜를 갚을 수 있겠습니까? 그 무엇으로 이 은혜에 보답할 수 있겠습니까?

찬359장 "천성을 향해 가는 성도들아"

1절 천성을 향해 가는 성도들아 앞길에 장애를 두려워 말라
    성령이 너를 인도하시리니 왜 지체를 하고 있느냐

2절 너 가는 길을 누가 비웃거든 확실한 증거를 보여주어라
    성령이 친히 감화하여 주사 그들도 참 길을 찾으리

3절 너 가는 길을 모두 가기 전에 네 손에 든 검을 꽂지 말아라
    저 마귀 흉계 모두 깨뜨리고 끝까지 잘 싸워 이겨라

후렴

앞으로 앞으로 천성을 향해 나가세 천성 문만 바라고 나가세

모든 천사 너희를 영접하러 문 앞에 기다려 서 있네

66

하나님은 나의 죄를 예수 그리스도에게 옮기시고
예수 그리스도의 의는 나에게 옮겨 주셨습니다.
그리고 더 나아가 나를 의로운 사람으로 여기시고
나를 의롭다고 선언하십니다.
하나님께서 어떤 사람을 의롭다고 선언하셨다면
그 사람은 영원토록 하나님 보시기에 의로운 것입니다.
그것은 번복될 수 없는 것입니다.

99

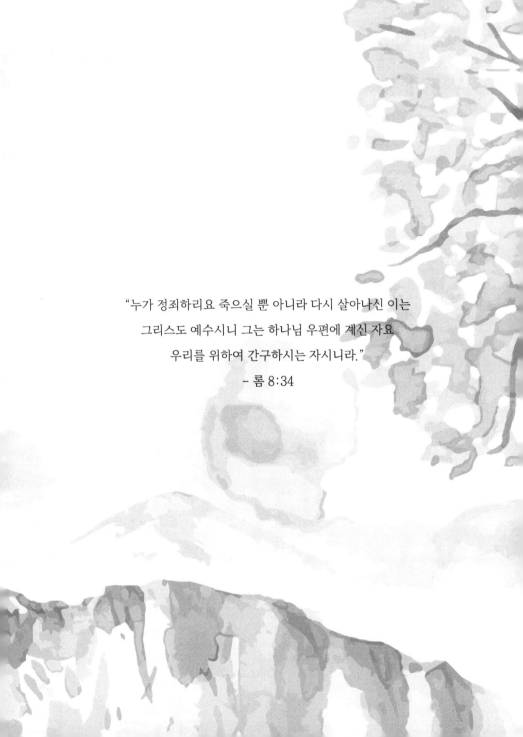

"누가 정죄하리요 죽으실 뿐 아니라 다시 살아나신 이는

그리스도 예수시니 그는 하나님 우편에 계신 자요.

우리를 위하여 간구하시는 자시니라."

– 롬 8:34

27장

누가 정죄하리요

미국 사람들이 하는 농담 중에 이런 말이 있습니다. "이 지구상에서 가장 개발이 안 된 암흑지대는 아프리카나 시베리아가 아니라 바로 당신의 모자 밑이다." 이 농담은 '등잔 밑이 가장 어둡다'는 우리의 속담과도 맥을 같이 합니다. 자기 자신의 어두운 면을 가장 모르는 사람이 바로 남이 아닌 자기 자신이라는 좀 부정적인 뜻이 담겨있기도 합니다.

하지만 이를 긍정적으로 바꿔 생각하면 자기 자신이 얼마나 위대한 가능성의 사람인지 가장 모르는 사람도 나 자신이라는 말입니다. 무한한 자원과 원석들이 숨겨진 곳, 가능성이 살아 숨 쉬는 곳, 그곳이 내 모자 밑이라는 말입니다. 한편 그리스도인들을 긍정적으로 보면 바로 이와 같이 무한한 가능성을 가진 사람들이라고 할 수 있습니다. 그런데 이보다 더 우리 그리스도인들을 너무나 귀하게 여겨 소중한 걸작품으로 생각하시는 분이 계십니다. 바로 전능하신 하나님이십니다.

"우리는 그가 만드신 바라"(엡 2:10).

그럼에도 불구하고 우리는 때때로 왜곡된 자아상에 매여 상처를 받고 살아가고 있는 것이 현실입니다. 왜곡된 자아상을 하루빨리 회복하는 길은 하나님께서 우리를 걸작품으로 지으셨다는 확고한 정체성을 찾는 것밖에 없습니다. 그러므로 우리는 이렇게 생각해야 합니다. 하나님이 나를 귀한 작품으로 만드셨다면, 하나님이 나를 구원받게 하셨다면, 하나님이 나를 부르시고 지금까지 믿음으로 살게 하셨다면 '누가 나를 정죄하겠는가!'

어느 시대를 막론하고 시대마다 그리스도인들 주변에는 원수들의 참소와 고발과 대적이 너무 많았습니다. 또한 그리스도인들을 넘어뜨리려는 시험과 술수와 간계 등이 다양했습니다. 더불어 용기를 빼앗아 가고, 믿음을 약하게 하고, 확신에 상처를 주는 도전들이 지금도 너무나 많이 계속되고 있습니다. 그러므로 우리 그리스도인들에게 절대적으로 필요한 것은 분명한 확신, 절대적 믿음, 올곧은 용기입니다. 본문의 말씀처럼 말입니다. "누가 정죄하리요"(롬 8:34).

이러한 용기와 믿음과 확신을 그리스도인들이 가져야 하는 것은 너무나 당연한 것입니다. 어떻게 이런 용기와 믿음과 확신이 가능할까요?

우리를 위해 죽으시고 다시 살아나신 예수 그리스도 때문입니다.

"누가 정죄하리요 죽으실 분 아니라 다시 살아나신 이는 그리스도 예수 시니"(롬 8:34상).

먼저 '정죄'라는 말의 뜻이 무엇인지 아는 것이 중요합니다. '정죄'라는 말의 뜻은 '유죄 판결을 내리다'라는 뜻입니다. 다시 말해 죄를 지었다면 심판을 받아야 한다는 말입니다. 그것은 한마디로 죄가 있다는 말입니다. 그럼에도 불구하고 그리스도인들은 이미 예수 그리스도께서 율법의 요구를 만족시켰기 때문에 율법의 정죄에서 자유롭게 되었음을 놓치지 말아야 합니다.

"우리가 육신에 있을 때에는 율법으로 말미암는 죄의 정욕이 우리 지체 중에 역사하여 우리로 사망을 위하여 열매를 맺게 하였더니 이제는 우리가 얽매였던 것에 대하여 죽었으므로 율법에서 벗어났으니 이러므로 우리가 영의 새로운 것으로 섬길 것이요 율법 조문의 묵은 것으로 아니할지니라"(롬 7:5~6).

달리 표현하면 예수 그리스도의 죽음과 부활로 말미암아 그리스도인들을 정죄할 수 없게 되었다는 말씀입니다. 예수 그리스도의 죽음과 부활이 그리스도인들을 정죄에서 벗어나게 했다는 말씀입니다. 좀 더 구체적으로 살펴보면 다음과 같습니다.

1) 예수님의 죽음입니다.

"죽으실 뿐 아니라" 다시 한번 강조하지만 그리스도인들은 결코 정죄 받을 수 없습니다. 왜냐하면 예수 그리스도께서 나와 여러분을 위해 죽으셨기 때문입니다. 이는 우리가 받아야 할 죗값을 모조리 대신 짊어지시고 예수 그리스도께서 죽으셨다는 말씀입니다. 그것도 죄가 없으신(요일 3:5) 예수 그리스도께서 말입니다. 이것이 골고다의 십자가 사건이 아닙니까? 야구에 보면 '희생 번트'라는 것이 있습니다. '희생 플라이'라는 것이 있습니다. 결과적으로 내가 죽고 한 사람을 살리는 것을 말합니다. 내가 희생되어 한 사람을 살리는 것을 말합니다. 놀랍지 않습니까? 이런 일을 예수 그리스도께서 하셨습니다. 나를 살리기 위해 예수 그리스도께서 죽으셨습니다. 십자가에서 예수님은 이렇게 말씀하셨습니다.

"예수께서 신 포도주를 받으신 후에 이르시되 다 이루었다 하시고 머리를 숙이니 영혼이 떠나가시니라"(요 19:30).

이 말씀은 정죄는 의미가 없다는 말씀입니다. 정죄는 더 이상 힘을 쓸 수 없다는 말씀입니다. 정죄는 다 해결되었다는 말씀입니다.

2) 예수님의 부활입니다.

"다시 살아나신 이는 그리스도 예수시니." 이와 같이 또한 예수 그리스도의 부활이 있기에 그리스도인들은 결코 정죄 받을 수 없습니다. 부활은 우리 주님께서 사망을 이기시고, 무덤을 이기시고, 지옥을 이기신 것을 보여 주는 장엄한 선언입니다. 사망, 무덤, 지옥에 대한 불안이나 두려움이나 의심을 한순간에 없애버릴 수 있는 말씀은 한마디로 부활뿐입니다. 예수 그리스도께서 다시 살아나셨다는 부활은 그리스도인들에게 대단한 확신과 격려를 줍니다. 엄청난 위로와 긍지를 줍니다. 부족함이 없는 믿음과 소망을 줍니다.

> "예수는 우리가 범죄한 것 때문에 내줌이 되고 또한 우리를 의롭다 하시기 위하여 살아나셨느니라"(롬 4:25).

나와 여러분을 의롭다 하시기 위하여, 다시 말해 정죄하지 못하게 하기 위하여 살아나셨습니다. 부활하셨습니다. 분명하게 기억합시다. 예수 그리스도께서 나와 여러분을 위해 죽으시고 살아나셨기 때문에 어느 누구도 우리를 정죄할 수 없습니다.

우리를 위해 간구하시는 예수 그리스도 때문입니다.

> "누가 정죄하리요 … (중략) … 그는 하나님 우편에 계신 자요 우리를 위하여 간구하시는 자시니라"(롬 8:34하).

이 말씀을 좀 더 구체적으로 살펴보면 다음과 같습니다.

1) 예수 그리스도의 현재의 위치를 설명하고 있습니다.

"그는 하나님 우편에 계신 자요" 하나님 우편이란 무슨 의미일까요? 존귀와 영광을 의미합니다. 위엄과 권능을 의미합니다. 권위와 권세를 의미합니다.

"이는 하나님의 영광의 광채시요 그 본체의 형상이시라 그의 능력의 말씀으로 만물을 붙드시며 죄를 정결하게 하는 일을 하시고 높은 곳에 계신 지극히 크신 이의 우편에 앉으셨느니라"(히 1:3).

"오직 그리스도는 죄를 위하여 한 영원한 제사를 드리시고 하나님 우편에 앉으사"(히 10:12).

사도 바울은 '하나님 우편'의 위용을 이렇게 표현했습니다.

"긍휼이 풍성하신 하나님이 우리를 사랑하신 그 큰 사랑을 인하여 허물로 죽은 우리를 그리스도와 함께 살리셨고 (너희는 은혜로 구원을 받은 것이라) 또 함께 일으키사 그리스도 예수 안에서 함께 하늘에 앉히시니"(엡 2:4~6).

사도 바울은 '살리셨고', '일으키사', '앉히시니'와 같은 표현을 통해 우리 주님의 부활, 승천, 영광을 표현하고 있습니다. 그리고 동시에 그리스도인들도 주님과 연합함으로 이러한 영광에 참여하게 된다고 말씀합니다. 왜냐하면 우리 주님은 하나님 우편에 계신 분으로서 성자 하나님이시기 때문입니다.

2) 예수 그리스도께서 무엇을 하고 계시는지 선언하고 있습니다.

"우리를 위하여 간구하시는 자시니라." 한번 생각해 보겠습니다. 누군가가 나를 위해 간구하다니 있을 수 있는 일입니까? 누군가가 나를 위해 애써주다니 말이 되는 말입니까? 누군가가 나를 위해 시간을 투자하다니 이해할 수 있는 일입니까? 바로 예수 그리스도께서 그렇게 하셨다는 말씀입니다. 아무런 조건 없이, 아무런 대가 없이, 아무런 요구 없이 말입니다.

히브리서 저자도 항상 살아 계셔서 끊임없이 우리 그리스도인들을 위해 간구하시는 예수 그리스도에 대해 소개합니다. 믿음으로 구원받았음에도 불구하고 그리스도인들이 때로는 연약하여 쓰러지고 시험에 넘어질 때가 있습니다. 이러한 일들을 이겨내고 승리할 수 있도록 우리 주님께서 나와 여러분들을 위해서 간구하고 있다는 것을 알아야 합니다.

"그러므로 자기를 힘입어 하나님께 나아가는 자들을 온전히 구원하실 수 있으니 이는 그가 항상 살아 계셔서 그들을 위하여 간구하심이라"(히 7:25).

분명한 사실은 하나님 우편에서 우리를 위해 간구하시는 예수 그리스도가 계시기에 어느 누구도 우리를 정죄할 수 없다는 것입니다.

그러므로 그리스도인들이 분명한 확신, 절대적 믿음, 올곧은 용기를 갖고 있는 것은 지극히 마땅한 일입니다. 구원받은 그리스도인이라면 자연스러운 당연한 마음가짐이자 행동입니다. 그것은 전적으로 나와 여러분을 위해 죽으시고 살아나신 예수 그리스도 때문입니다. 그리고 나와 여러분을 위해 하나님 우편에서 간구하시는 예수 그리스도 때문입니다.

따라서 그 어느 누구도 나와 여러분을 정죄할 수 없습니다. 무슨 방법으로든지 우리 그리스도인들이 구원받은 것에 대해 더 이상 정죄할 수 없습니다. 비록 연약하고 부족해 실수한다 할지라도, 구원받은 그리스도인들을 위해 변호해 주시는 예수 그리스도께서 계시기에 두려워할 필요가 없습니다(요일 2:1). 겁먹을 필요가 없습니다. 당황할 필요가 없습니다. 간구해 주시고 변호해 주시는 예수 그리스도가 계시지 않습니까? "누가 나를 정죄하리요."

"누가 우리를 그리스도의 사랑에서 끊으리요 환난이나 곤고나
박해나 기근이나 적신이나 위험이나 칼이랴 기록된 바
우리가 종일 주를 위하여 죽임을 당하게 되며 도살 당할 양 같이
여김을 받았나이다 함과 같으니라 그러나 이 모든 일에 우리를
사랑하시는 이로 말미암아 우리가 넉넉히 이기느니라 내가
확신하노니 사망이나 생명이나 천사들이나 권세자들이나
현재 일이나 장래 일이나 능력이나 높음이나 깊음이나
다른 어떤 피조물이라도 우리를 우리 주 그리스도 예수 안에 있는
하나님의 사랑에서 끊을 수 없으리라."

– 롬 8:35~39

28장

그리스도인들의 삶에 펼쳐진 현실

정호승 시인의 '내 등의 짐'이라는 시를 소개합니다.

"내 등의 짐이 없었다면 나는 세상을 바로 살지 못했을 것입니다.
내 등에 있는 짐 때문에 늘 조심하면서 바르고
성실하게 살아왔습니다.
이제 보니 내 등의 짐은 나를 바르게 살도록 한 귀한 선물이었습니다.
내 등에 짐이 없었다면 나는 사랑을 몰랐을 것입니다.
내 등에 있는 짐의 무게로 남의 고통을 느꼈고,
이를 통해 사랑과 용서도 알았습니다.
내 등의 짐은 나에게 사랑을 준 귀한 선물이었습니다.

… (중략) …

물살이 센 냇물을 건널 때는 등에 짐이 있어야 물에 휩쓸리지 않고,

화물차가 언덕을 오를 때는 짐을 실어야 헛바퀴가 돌지 않듯이
내 등의 짐이 나를 불의와 안일의 물결에 휩쓸리지 않게 했으며
삶의 고개 하나하나를 잘 넘게 하였습니다.
내 나라의 짐, 가족의 짐, 직장의 짐,
이웃의 짐, 가난의 짐, 몸이 아픈 짐,
슬픈 이별의 짐들이 내 삶을 감당하는 힘이 되어
오늘도 최선의 삶을 살게 합니다."

누구에게나 '내 등의 짐'은 있습니다. 그것이 그 무엇이 될 수 있고, 그 누구가 될 수 있습니다. 많은 사람이 무엇 때문에, 또는 누구 때문에 자신이 가는 길에 장애가 생긴다고 생각합니다. 하지만 그들이 잊고 있는 것이 있습니다. 바로 그 짐이 스스로를 교만하지 않게 하고 더 많은 기도를 하게 해 하나님만 바라보게 했다는 것을 말입니다. '내 등의 짐'이 때로는 힘들게도 하지만, 때로는 감사가 되기도 합니다. 한숨과 낙심이 되기도 하지만 인내와 절제를 배우게도 합니다. 불편과 불안이 되기도 하지만 아픔과 어려움을 온몸으로 알게 되는 경험이 되기도 합니다. 이런 일들이 우리 그리스도인의 삶에 일상적으로 펼쳐진 현실이기도 하면서 경각심을 갖게 하는 부분이기도 합니다. 이러한 상황 가운데 본문에서 말씀하고 있는 그리스도인의 삶에 펼쳐진 현실은 좀 더 구체적으로 무엇일까요?

끊임없이 고난이 있다는 사실입니다.

"환난이나 곤고나 박해나 기근이나 적신이나 위험이나 칼이랴"(롬 8:35).

사람들은 고난을 당하면 대체적으로 두 가지 반응을 보인다고 합니다. 가장 우선적으로 '고난으로 인해 모든 것이 엉망이 되었다'라며 낙심하고 절망하는 반응입니다. 그리고 다음으로는 '고통을 통해 다른 사람들보다 더 고귀한 사람이 됐다'는 자부심으로 교만함에 빠지는 반응입니다. 전체적으로 생각해보면 고난을 겪는다고 해서 하늘이 무너지는 것도 아니고, 고난을 이겨냈다고 해서 특별한 사람이 되는 것도 아닙니다. 고난을 겪는 것은 그 나름대로 이유가 있기 때문입니다.

사도 바울은 그 이유를 분명하게 보여줍니다. 사도 바울이 아시아에서 선교할 때 얼마나 고난이 심했는지 "힘에 겹도록 심한 고난을 당하여 살 소망까지 끊어지고"(고후 1:8)라고 고백할 정도였습니다. 사는 것이 사는 것이 아닐 정도였다는 말입니다. 사형선고를 받은 줄로 착각할 정도로 심각하게 고난이 심했다고 말합니다(고후 1:9상). 그런데 그렇게 힘들게 했던 고난이 하나님만 의지하는 계기가 되었다고 강하게 고백합니다.

"이는 우리로 자기를 의지하지 말고 오직 죽은 자를 다시 살리시는 하나님만 의지하게 하심이라"(고후 1:9하).

고난이라는 어떤 상황이 사람을 강하게 하는 것이 아닙니다. 연약함과 부족함을 올바로 알고 하나님만 온전하게 의지할 때 사람은 강해지는 것입니다. 고난은 하나님만을 의지하게 하는 하늘의 신령한 또 다른 복이라는 것을 알게 합니다. 그럼에도 불구하고 왜 이런 고난이 그리스도인에게 생기는 것일까요? 구원받았기 때문입니다. 하나님의 자녀가 되었기 때문입니다. 믿음으로 살기 때문입니다. 초대교회 그리스도인들에게 핍박과 고통은 늘 있는 일이었습니다. 오늘날의 그리스도인들에게도 핍박과 고통은 늘 있는 일입니다. 앞으로 오고 오는 시대 속에서도 핍박과 고통은 계속 일어날 것입니다. 이러한 냉엄한 현실을 사도 바울은 핵심적인 한 절로 이렇게 표현했습니다.

"우리가 종일 주를 위하여 죽임을 당하게 되며 도살 당할 양 같이 여김을 받았나이다"(롬 8:36).

믿음으로 살면 이렇게 될 수밖에 없습니다. 이것이 삶에 펼쳐진 신앙생활의 현실적인 모습입니다. 정신적으로, 물질적으로, 육체적으로, 영적으로, 모든 방면에서 끊임없이 힘들고 어려운 일들을 당하고 경험할 것이라는 말씀입니다. 초대교회 시절부터 예수님을 믿는 일이 쉬웠던 적은 없었습니다. 참 신앙인은 어디를 가나 늘 고난의 연속이었습니다. 고난은 이처럼 예수님을 '바로' 믿고자 할 때에 받아야 하는 손해와 아픔을 말합니다. 곧 예수님 안에서 의롭고, 진실하게, 충성스럽게 살다가 욕먹고 고난 받는 것입니다(마 5:10).

그렇다면 고난을 통해 그리스도인들이 얻는 유익은 무엇일까요?

1) 하나님의 말씀을 진지하게 배우게 된다는 것입니다.

"고난 당한 것이 내게 유익이라 이로 말미암아 내가 주의 율례들을 배우게 되었나이다"(시 119:71).

2) 위로가 넘치게 된다는 것입니다.

"그리스도의 고난이 우리에게 넘친 것 같이 우리가 받는 위로도 그리스도로 말미암아 넘치는도다"(고후 1:5).

3) 엄청나게 큰 영광이 준비되어 있다는 것입니다.

"생각하건대 현재의 고난은 장차 우리에게 나타날 영광과 비교할 수 없도다"(롬 8:18).

고난이 있음에도 불구하고 넉넉히 이긴다는 사실입니다.

"그러나 이 모든 일에 우리를 사랑하시는 이로 말미암아 우리가 넉넉히 이기느니라"(롬 8:37).

사도 바울은 이 말씀을 이렇게 표현하기도 했습니다.

"누가 우리를 그리스도의 사랑에서 끊으리요"(롬 8:35상).

"우리를 우리 주 그리스도 예수 안에 있는 하나님의 사랑에서 끊을 수 없으리라"(롬 8:39하).

이 말씀은 그리스도인은 반드시 이기고 승리한다는 말씀입니다. 그리스도인은 어떠한 일이 있다 할지라도 이기고 승리한다는 말씀입니다. 왜냐하면 우리를 사랑하시는 예수 그리스도가 있기 때문입니다. 인생을 사는 동안 해결할 수 없는 세 가지 한계가 있습니다. 가장 먼저 생명의 한계입니다. 인간은 모두 죽을 수밖에 없는 허무한 존재입니다. 어느 누구도 이러한 한계를 벗어날 수 없습니다. 그리고 의의 한계입니다. 인간은 의롭게 살려고 해도 실수할 수밖에 없는 연약한 존재입니다. 의인은 없나니 하나도 없습니다(롬 3:10). 끝으로 능력의 한계입니다. 인간은 자기 인생조차 마음대로 할 수 없는 무능한 존재입니다. 생(生), 사(死), 화(禍), 복(福)을 조정할 수 없습니다.

이러한 인생의 한계에 대한 유일한 대답은 바로 '예수 그리스도'입니다. "우리를 사랑하시는 이로 말미암아 우리가 넉넉히 이기느니라." 오직 예수 그리스도를 통해 우리는 죄의 한계, 육체의 한계, 죽음의 한계, 약함의 한계, 불행의 한계, 고난의 한계를 넘어설 수 있습니다. 그러므로 내 앞에 해결할 수 없는 문제가 있다면 예수 그리스도 앞에 서야 합니다. 예수 그리스도가 인생의 능력이요 인생의 해답이 되시기 때문입니다. 그렇다면 예수 그리스도는 우리를 얼마나 사랑하셨을까요?

1) 연약함에도 불구하고(철없음에도 불구하고) 사랑하셨습니다.

"우리가 아직 연약할 때에 기약대로 그리스도께서 경건하지 않은 자를 위하여 죽으셨도다"(롬 5:6).

2) 죄인 되었음에도 불구하고 사랑하셨습니다.

"우리가 아직 죄인 되었을 때에 그리스도께서 우리를 위하여 죽으심으로 하나님께서 우리에 대한 자기의 사랑을 확증하셨느니라"(롬 5:8).

3) 원수 되었음에도 불구하고 사랑하셨습니다.

"곧 우리가 원수 되었을 때에 그의 아들의 죽으심으로 말미암아 하나님과 화목하게 되었은즉 화목하게 된 자로서는 더욱 그의 살아나심으로 말미암아 구원을 받을 것이니라"(롬 5:10).

4) 자기의 목숨을 아낌없이 대속물로 바치기까지 사랑하셨습니다.

"인자가 온 것은 섬김을 받으려 함이 아니라 도리어 섬기려 하고 자기 목숨을 많은 사람의 대속물로 주려 함이니라"(마 20:28).

솔직하게 말해 우리는 어떤 사람입니까? 부족하고 연약한 사람입니다. 쉽게 자빠지고 넘어지는 사람입니다. 후회도 잘하고 실패도 잘하는 사람입니다. 마음은 수시로 변하고 수시로 삐지는 사람입니다. 죄짓고 무능한 사람입니다. 한심하고 절망적이며 우둔하고 무감각한 사람입니다. 그럼에도 불구하고 하나님은 여러분과 나를 지극히 사랑하시어 그리스도인이 되게 하셨습니다. 하나님의 사람이 되게 하셨습니다. 하나님의 뜻대로 부르셨습니다. 넉넉히 이기게 하셨습니다.

분명하게 기억해야 합니다. 나의 구원이 나에게 달려 있는 것이 아니라 하나님이 나를 사랑하시는 사랑에 달려 있다는 것을 말입니다. 내가 하나님을 붙잡는 것에 달려 있다는 것이 아니라 하나님께서 나를 강하게 붙잡는 데 달려 있다는 것을 말입니다. 내가 마음먹기에 달려 있는 것이 아니라 하나님의 보호와 사랑과 능력에 달려 있다는 것을 말입니다. 내가 당하는 고난을 내 뜻대로 어떻게 하느냐에 달려 있는 것이 아니라 예수 그리스도로 말미암아 넉넉히 이기게 하시는 사랑에 달려 있다는 것을 말입니다.

우리가 가끔씩 들었던 이야기를 다시 한번 전하며 오늘 말씀을 되새겨 보았으면 합니다. 윌리엄 패터라는 사람이 쓴 글 가운데 아주 슬픈 이야기가 있습니다. 어떤 사람이 소년 시절 길에서 10달러짜리 지폐를 한 장 주웠습니다. 그 뜻하지 않은 행운이 얼마나 기쁘고 즐거웠던지 그 소년은 평생 땅만 보고 걷기로 결심합니다.

그가 어느 날 평생 땅만 보며 주운 것을 세어보니 단추 2만 9,519개, 머리핀 5만 4,172개, 그리고 동전이 수천 개였습니다. 그는 평생 눈앞의 행운을 좇아 정말 열심히 길을 걸었던 것입니다. 하지만 그것들을 줍기 위해 결국 푸른 하늘, 아름다운 꽃, 넓고 큰 바다를 한 번도 볼 기회가 없었습니다. 그는 결국 거지 인생을 산 셈이었습니다.

어느 시대이건 이런 삶을 사는 사람들이 예상외로 많습니다. 땅만 쳐다보고, 현실만 바라보고, 환경에만 관심을 갖는, 눈앞에 것만 만족하며 살아가는 사람들이 너무 많은 것이 현실입니다. 우리 그리스도인들은 한 번 깊이 생각해 보아야 합니다. 나는 오늘도 무엇을 좇아 수고하며 땀 흘리고 있는가? 나의 시선은 정녕 어디에 고정되어 있는가? 내가 가는 길이 후회 없는 길인가? 나는 지금 이 길을 잘 가고 있는가? 20~30년 후면 '잠깐 보이다가 없어지는 안개(약 4:14)'와 같이 되고 말 것에 눈과 마음을 두고 뛰어가고 있지는 않은가? 그리스도인으로서 삶의 현실 가운데 고난 속에서 승리하고 있는가? 진지하게 묻고 싶습니다. 그리스도인으로서 여러분의 생각은 무엇입니까?

"

분명하게 기억해야 합니다.
나의 구원이 나에게 달려 있는 것이 아니라
하나님이 나를 사랑하시는 사랑에 달려 있다는 것을 말입니다.
내가 하나님을 붙잡는 것에 달려 있다는 것이 아니라
하나님께서 나를 강하게 붙잡는 데 달려 있다는 것을 말입니다.

"